LA ESPERANZA
NO DEFRAUDA NUNCA

Colección Testimonios

22

PAPA FRANCISCO

LA ESPERANZA NO DEFRAUDA NUNCA

SEGUNDA EDICIÓN

Hernán Reyes Alcaide (ed.)

 Mensajero

El texto de este libro, escrito originalmente en español,
fue traducido al italiano y vio la luz por primera vez
en esta lengua, publicado bajo el título
La speranza non delude mai.
Pellegrini verso un mondo migliore
por Piemme, un sello de Mondadori Libri S.p.A., Milano.

© Mondadori Libri S.p.A., 2024

Derechos negociados a través de Ute Körner Literary Agent.

© Ediciones Mensajero, 2024
Grupo de Comunicación Loyola
Padre Lojendio, 2
48008 Bilbao – España
Tfno.: +34 94 447 0358
info@gcloyola.com / gcloyola.com

El presente libro se publica
con la colaboración de
D.ª Victoria Gómez-Trénor Vergés.

Diseño de cubierta:
Laura García Carbajosa

Impreso en España. *Printed in Spain*
ISBN: 978-84-271-4975-5
Depósito legal: BI-1293-2024

Fotocomposición:
Marín Creación, S. C. – Burgos / www.marincreacion.com

Impresión y encuadernación:
Gráficas Fernan – Zamudio (Vizcaya) / graficasfernan.com

ÍNDICE

ABREVIATURAS

Se incluyen en este listado las abreviaturas y las referencias completas de los documentos del papa Francisco, de otros pontífices y de la Iglesia católica que se citan en el texto.

AL   FRANCISCO, Exhortación apostólica postsinodal *Amoris laetitia*, a los obispos, a los presbíteros y diáconos, a las personas consagradas, a los esposos cristianos y a todos los fieles laicos, sobre el amor en la familia, 19 de marzo de 2016.

CVer   BENEDICTO XVI, Carta encíclica *Caritas in veritate*, a los obispos, a los presbíteros y diáconos, a las personas consagradas, a todos los fieles laicos y a todos los hombres de buena voluntad, sobre el desarrollo humano integral en la caridad y en la verdad, 29 de junio de 2009.

CIC   *Catecismo de la Iglesia católica*, 1992.

CV   FRANCISCO, Exhortación apostólica postsinodal *Christus vivit*, a los jóvenes y a todo el pueblo de Dios, 25 de marzo de 2019

DSI   PONTIFICIO CONSEJO «JUSTICIA Y PAZ», *Compendio de la doctrina social de la Iglesia*, 2 de abril de 2004.

EG   FRANCISCO, Exhortación apostólica *Evangelii gaudium* a los obispos, a los presbíteros y diáconos, a las personas consagradas y a los fieles laicos sobre el anuncio del Evangelio en el mundo actual, 24 de noviembre de 2013.

FT   FRANCISCO, Carta encíclica *Fratelli tutti* sobre la fraternidad y la amistad social, 3 de octubre de 2020.

GD   PABLO VI, Exhortación apostólica *Gaudete in domino*, sobre la alegría cristiana, 9 de mayo de 1975.

GS   CONCILIO VATICANO II, Constitución pastoral *Gaudium et spes* sobre la Iglesia en el mundo actual, 7 de diciembre de 1965.

LD   FRANCISCO, Exhortación apostólica *Laudate Deum* a todas las personas de buena voluntad sobre la crisis climática, 4 de octubre de 2023.

LS   FRANCISCO, Carta encíclica *Laudato si'* sobre el cuidado de la casa común, 24 de mayo de 2015.

MM   FRANCISCO, Carta apostólica *Misericordia et misera*, al concluir el Jubileo extraordinario de la misericordia, 20 de noviembre de 2016.

OA   PABLO VI, Carta apostólica *Octogesima adveniens* al señor cardenal Mauricio Roy, presidente del Consejo para los seglares y de la Comisión pontificia «Justicia y Paz» en ocasión del LXXX aniversario de la encíclica *Rerum novarum*, 14 de mayo de 1971.

PE   FRANCISCO, Constitución apostólica *Praedicate Evangelium* sobre la curia romana y su servicio a la Iglesia en el mundo, 19 de marzo de 2022.

PP   PABLO VI, Carta encíclica *Populorum progressio*, a los obispos, sacerdotes, religiosos y fieles de todo el mundo y a todos los hombres de buena voluntad sobre la necesidad de promover el desarrollo de los pueblos, 26 de marzo de 1967.

PT JUAN XXIII, Carta encíclica *Pacem in terris*, sobre la paz entre todos los pueblos que ha de fundarse en la verdad, la justicia, el amor y la libertad, 11 de abril de 1963.

SNC FRANCISCO, *Spes non confundit*, bula de convocación del Jubileo ordinario del año 2025, 9 de mayo de 2024.

SRS JUAN PABLO II, Carta encíclica *Sollicitudo rei socialis* a los obispos, a los sacerdotes, a las familias religiosas, a los hijos e hijas de la Iglesia, así como a todos los hombres de buena voluntad al cumplirse el vigésimo aniversario de la *Populorum progressio*, 30 de diciembre de 1987.

SS BENEDICTO XVI, *Spe salvi*, carta encíclica a los obispos, a los presbíteros y diáconos, a las personas consagradas y a todos los fieles laicos sobre la esperanza cristiana.

Prólogo

LA ESPERANZA NUNCA DEFRAUDA

Quiero invitarlos a imaginar que estamos juntos en un barco en medio del mar. Aguas tempestuosas nos agitan de lado a lado y empezamos a preguntarnos qué pasará, pero nos sabemos seguros de que hay algo que no solo nos mantendrá a flote, sino que también nos guiará para atravesar la tormenta. Tenemos la certeza de que volveremos a ver los rostros de nuestros seres amados y llegaremos a la otra orilla.

Algo así es la esperanza cristiana y por eso «no defrauda» (Romanos 5,5). Es la seguridad de algo que ya está y es nuestra salvación. La vivimos en el camino de la vida y, al final, tendremos el encuentro con Dios.

La esperanza es el ancla y es la vela del barco en medio de la tormenta. Es ancla porque es concreta y no difusa y encuentra su raíz en la seguridad de lo que Dios nos ha prometido y ha realizado en Jesucristo. Es también la vela porque, además de darnos seguridad, hace que el barco pueda avanzar entre las aguas. Así, además de darnos la firmeza del ancla, recoge el viento del Espíritu Santo, esa fuerza motriz que empuja para seguir navegando en mar abierto y para llegar a la orilla.

Existe un peligro grande: confundir esperanza con optimismo. En general los medios de comunicación nos venden el optimismo: «Tome esta pastilla y no engorda más», «Siga este camino y hágase rico», o cosas similares. Eso no es esperanza. Hay que ser optimista en la vida, sí, pero hay que distinguirlo de la esperanza. El optimismo es una actitud psicológica, que puede estar hoy y mañana no, más parecido a un sentimiento pasajero de quien quiere mejorar las cosas basándose solo en la propia fuerza de voluntad[1]. Volvamos a la imagen del barco: el optimismo es pensar que a los pocos minutos el mar dejará de mecernos, las olas se apaciguarán, saldrá el sol y estaremos serenos nuevamente en camino a nuestro destino. Pero no tenemos mayores fundamentos para ser optimistas con el clima. Sabemos que puede ser que la tormenta amaine como que no.

La esperanza, en cambio, es la certeza de que saldremos adelante. Es esperar algo que ya está dado, no algo que queremos que se dé. Es un don de Dios, es esa virtud que llevamos en el corazón y que, radicada en su promesa, no nos hace perder el rumbo. A mí me gusta la imagen de la soga: tiramos el ancla a la orilla y la esperanza es como esa soga de la que nos aferramos para llegar. A fines del siglo pasado los obispos europeos nos recordaron con belleza que «el hombre no puede vivir sin esperanza: su vida, condenada a la insignificancia, se volvería insoportable»[2].

Hace ya algunos siglos, el pintor Brueghel el Viejo nos dejó un hermoso grabado en el que se la ve a la diosa latina Spes de pie sobre un ancla y en medio de una escena de terrible adversidad, con personajes que luchan por escapar de las olas del mar, barcos destruidos, un incendio,

---

[1] Cf. Francisco, Audiencia general, 26 de abril de 2017.

[2] II Asamblea especial para Europa del Sínodo de los obispos, Mensaje final, 1: L'Osservatore Romano, edición semanal en lengua española, 29 de octubre de 1999, 10.

detenciones. Pero la leyenda bajo la obra nos reconforta: «La persuasión de la esperanza es muy agradable y especialmente necesaria para la vida, en medio de tantas penalidades casi insoportables».

Me ha pasado tener momentos oscuros en mi vida, en los que tuve que hacer esfuerzos de confianza en Dios. Son momentos oscuros en los que uno «manotea» quizás lo que tiene cerca, pero hay que tener cuidado: si uno manotea mal se agarra de cosas que no ayudan, que te quitan la grandeza del esperar. Hay un dicho en mi tierra, el «esperar hasta que aclare», que es muy gráfico.

En la Biblia se nos relatan varios episodios sobre la esperanza, pero hay uno que me gusta recordar por su fuerza: cuando san Pablo nos cuenta que Abrahán creyó «esperando contra toda esperanza» (Romanos 4,18).

San Pedro escribe que la esperanza cristiana es «una herencia incorruptible, incontaminada e imperecedera» (1 Pedro 1,4). Ella «sostiene el camino de nuestra vida, incluso cuando se vuelve tortuoso y difícil; abre ante nosotros horizontes de futuro cuando la resignación y el pesimismo quisieran tenernos prisioneros; nos hace ver el bien posible cuando el mal parece prevalecer; nos infunde serenidad cuando el corazón está agobiado por el fracaso y el pecado; nos hace soñar con una humanidad nueva y nos infunde valor para construir un mundo fraterno y pacífico, cuando parece que no vale la pena comprometerse»[3]. Es esa virtud que nos da fuerza para adentrarnos en la oscuridad de un futuro incierto y caminar en la luz.

---

[3] Francisco, Homilía, Ascensión del Señor – Entrega y lectura de la Bula de convocación del Jubileo 2025 y segundas vísperas, 9 de mayo de 2024.

Recuerdo situaciones que he vivido, en particular una noche muy oscura, en la que no veía la salida. Cuando la situación se resolvió, años después, fue como una puerta que se abrió para mí. Y que antes no se abría porque no era el momento. Así aprendí a esperar los tiempos de Dios. A veces confundimos los tiempos con el momento. Pensamos en momentos instantáneos, queremos acelerar el tiempo. Pero es importante tener sentido del tiempo: la esperanza se da en el tiempo.

Sembrar esperanzas nos hace buenos cristianos. Esto no quiere decir que tengamos que ir endulzando los oídos de nuestros hermanos y hermanas con falsas promesas o edulcorando lo que sucede, sino que estamos llamados a sembrar aceite y perfume de esperanza, nunca vinagre de amargura y de desesperanza.

Hay otra imagen que me gusta: la de la esperanza como el documento de identidad de los cristianos, algo que nos caracteriza y nos define. Es nuestro ADN porque somos hijos de Abrahán y su esperanza. Es ese hilo que nos lleva al ancla y que es una fuente vital de alegría. Es esa la virtud que nos conduce hacia adelante, humilde y sencilla, pero que también nos alegra porque nunca defrauda.

La esperanza es una de las tres virtudes teologales, que se denominan así porque solo podemos vivirlas gracias al don de Dios, y es la hermana pequeña de las otras dos: la fe y la caridad. Podemos imaginarla agarrada a las manos de las dos mayores, pero siendo ella la que en verdad las impulsa. Es esa virtud humilde que corre bajo el agua de la vida, pero que nos sostiene para no ahogarnos en medio de las dificultades que nos rodean. Es la más escondida, pero es cotidiana.

La esperanza es la virtud que, en un segundo plano, nos mantiene firmes y en camino, pero nos cuesta explicarla y entenderla. Aunque al mismo tiempo tiene un signo concreto: es la herencia del cristiano, la que nos hace caminar «hacia algo», como es el encuentro con Jesús[4]. Es una virtud que nos pone en movimiento y nos hace caminar, porque la vida del cristiano está «en tensión hacia». Si un cristiano pierde esta perspectiva su vida se vuelve estática. Y las cosas que no se mueven se corrompen. Pensemos en el agua: cuando está estancada va perdiendo sus propiedades y su esencia hasta pudrirse. Así le sucede al cristiano que no es capaz de estar en tensión hacia la otra orilla: le falta algo, balconea su vida y la ve pasar como espectador en vez de asumirse protagonista. ¡Y cuánto más triste es ver este comportamiento entre los jóvenes! Para ese cristiano desesperanzado, la vida cristiana será una doctrina filosófica, la vivirá así e incluso dirá que es fe. Pero sin esperanza no lo es.

La esperanza no nos defrauda y nos pide muy poco a cambio. Nos pide que estemos abiertos hacia el camino que con ella transitamos. Pienso en el amor de una pareja o de una amistad. Esas «plantitas» que regamos a diario para hacerlas crecer y fortalecerlas. En la Biblia (Lucas 13,18-21) está también la imagen de la levadura que una mujer tomó y mezcló en tres medidas de harina. Una levadura que no se guarda en la heladera, sino que «se amasa en la vida». Es la esperanza, que es humilde y nos sostiene, pero la mantenemos viva con cada una de nuestras acciones porque tenemos la certeza de que no nos defrauda.

También necesitamos paciencia. En ese mismo pasaje de la Biblia (Lucas 13,18-21), Jesús compara el Reino de Dios con el grano de mostaza arrojado al campo. Y debemos

---

[4]   Cf. Francisco, Audiencia general 28 de diciembre de 2016.

esperar que crezca, no vamos todos los días a ver cómo va: «Tengan esperanza y sean alegres. Sean pacientes en las pruebas y oren sin cesar» (Romanos 12,12). En un mundo en el que estar apurados es el modo habitual, «estamos acostumbrados a quererlo todo y de inmediato», mientras «ya no se tiene tiempo para encontrarse, y a menudo incluso en las familias se vuelve difícil reunirse y conversar con tranquilidad. La paciencia ha sido relegada por la prisa, ocasionando un daño grave a las personas» (SNC, 4). La paciencia, que viene del Espíritu Santo, «mantiene viva la esperanza y la consolida como virtud y estilo de vida» (SNC 4). La paciencia no es aguantar, es saber padecer bien.

La esperanza no solo nos pide paciencia; también necesitamos de la oración para hacerla crecer. En la Biblia, está la historia del profeta Jonás, quien para huir de la tarea que le asigna Dios en Nínive se embarca hacia España junto a un grupo de marineros. En medio del viaje se desata una tormenta, durante la que se duerme y el resto de la tripulación, sin embargo, viéndose perdidos, «se pusieron a invocar cada uno a su dios»: eran paganos (Jonás 1,5). El capitán del barco despierta a Jonás diciéndole: «Qué haces aquí dormido? ¡Levántate e invoca a tu dios! Quizás Dios se preocupe de nosotros y no perezcamos» (Jonás 1,6). ¿Qué nos muestra el pasaje? Que la reacción de estos paganos es la justa reacción ante la muerte, ante el peligro, porque es entonces cuando el hombre hace experiencia completa de la propia fragilidad y de la propia necesidad de salvación. El horror instintivo de morir desvela la necesidad de esperar en el Dios de la vida. El ruego de los marineros son las palabras del esperar que se convierten en oración, esa súplica llena de angustia que sale de sus labios ante un inminente peligro de muerte. Esa es la esperanza: es Dios que conoce nuestra debilidad, sabe que nos acordamos de él para pedir ayuda, y con la sonrisa indulgente de un padre responde benévolamente.

En la cultura popular hemos escuchado más de una vez que «mientras hay vida, hay esperanza», aunque sea una interpretación contraria a la de la esperanza cristiana: a lo sumo es la esperanza la que mantiene en pie a la vida, la que la protege, la que la custodia y la que la hace crecer. Sin ella a la que aferrarse, los hombres, quizás, «nunca hubieran salido de las cavernas y no habrían dejado huella de la historia en el mundo»[5]. El ser humano, «además de lo indispensable para vivir, necesita tener una gran esperanza en el corazón, que lo ayude a vivir bien, le dé el gusto y la fortaleza para acometer proyectos de amplio alcance y le permita elevar la mirada hacia lo alto y hacia horizontes más extensos»[6].

Hay dos palabras que van ligadas a la esperanza. Una es *felicidad*. La encuentro en ser coherente. Las incoherencias, las trampas a la vida, el querer acelerar los tiempos no te llevan a la felicidad. La felicidad no se posee, se vive. Cualquier cosa que uno haga para poseerla te lleva a una decepción. Hay que estar abierto a la felicidad, sí, y lícitamente buscarla, pero no buscar poseerla.

La otra palabra es *perdón*. Perdonar es un desafío diario que todos tenemos. Perdono o no perdono. A mí me ayuda mucho la experiencia de ser perdonado para perdonar. No hay derecho a no perdonar. Si uno no se siente perdonado es difícil perdonar. Eso ya te elabora una serie de complejos feos. Es difícil, sí, decirse a uno mismo qué cosas de

---

[5] Cf. FRANCISCO, Audiencia general, 27 de septiembre de 2017.

[6] FRANCISCO, Encuentro con las autoridades, con la sociedad civil y con el cuerpo diplomático, APEC Haus, Port Moresby, Papúa Nueva Guinea, 7 de septiembre de 2024.

nuestras vidas tienen que ser perdonadas. Y ahí se requiere mucha verdad y esperanza.

Al pensar en la esperanza pienso también en la Iglesia y en la necesidad de luchar contra tantas cosas que nos dan desesperanza (por ejemplo, el clericalismo). Necesitamos una conversión continua, con actitudes de servicio y no de dominio; escuchar sin dogmatizar. El pastor en la Iglesia tiene que estar en medio del pueblo de Dios. No se trata de reducir a la Iglesia a una multinacional de la beneficencia: es el pueblo de Dios que camina en la presencia del Señor.

Porque la esperanza «no defrauda» pienso en nuestros jóvenes, en los numerosos migrantes que se ven obligados a abandonar sus tierras, en las personas privadas de su libertad, en quienes sufren las consecuencias de las guerras, en los millones de pobres de todo el mundo con dificultades para subsistir, en las mujeres que aún luchan por todo el mundo por una verdadera igualdad. En todas las personas que, lejos de ser estadísticas, son para nosotros rostros reales sobre los que irradiar la esperanza. Son ellos los que me han inspirado para este libro.

Introducción

LOS ROSTROS DE LA ESPERANZA

Nos acercamos al inicio del Jubileo ordinario convocado para 2025, que reunirá a millones de personas en Roma con el lema «Peregrinos de la esperanza». Con ese espíritu, convoco a todos los fieles a movernos juntos hacia un encuentro con Dios y con los otros para no bajar los brazos en medio de las «pesadas rocas» que afligen hoy a la humanidad y cierran sus esperanzas, como una gran piedra en su momento quiso tapar la tumba de Jesús[1].

Peregrinar es una acción que nos pone en salida para movernos del lugar de comodidad en el que a veces caemos cuando creemos que tenemos la sartén agarrada por el mango. Otras veces son nuestros miedos, dudas y cavilaciones los que nos atan y no nos permiten ir «hacia las periferias de la existencia, movernos nosotros en primer lugar hacia nuestros hermanos y nuestras hermanas, sobre todo aquellos más lejanos, aquellos que son olvidados, que tienen más necesidad de comprensión, de consolación, de ayuda»[2].

---

[1] Francisco, Mensaje *Urbi et orbi*, 31 de marzo de 2024.
[2] Cf. Francisco, Audiencia general, 27 de marzo de 2013.

La esperanza, esa virtud que «no defrauda» (Romanos 5,5) y nace del amor, es desde los orígenes del cristianismo el signo de aliento para la comunidad. Todos esperan y, como planteé en la Bula de convocación para el Año Santo, «en el corazón de toda persona anida la esperanza como deseo y expectativa del bien, aun ignorando lo que traerá consigo el mañana» (SNC, 1).

Ser peregrinos, llevar esperanza. Nos convoca ahora el Jubileo que tratará de convertirnos a todos en portadores de ese mensaje de salvación.

En la tradición judeocristiana, el jubileo es un tiempo de gracia en el que se experimenta la misericordia de Dios y el don de su paz. Es un tiempo en el que los pecados son perdonados, la reconciliación supera la injusticia y la tierra reposa. Con brazos abiertos, invitamos a vivirlo con gozo y fraternidad también a los hermanos de otras confesiones o a quienes no han recibido aún el don de la fe. Es una «fiesta a la que Jesús invita a todos, sin distinciones ni excepciones»[3].

¡Cuánta necesidad hay en nuestros días de este espíritu jubilar! Miremos a nuestro alrededor: guerras, sequías, inundaciones, pobreza que se expande; riqueza que se concentra, falta de fraternidad, exceso de enemistad social. En este marco, el Año Santo puede ayudar mucho a restablecer un clima de esperanza y confianza como signo de un nuevo renacimiento que todos percibimos como urgente.

Es nuestra tarea estar a la altura, especialmente en la Iglesia, y trabajar para que la convocatoria no resbale hacia algunas deformaciones frente a las que tenemos que estar

---

[3] FRANCISCO, *Crecer misericordiosos como el Padre*, Mensaje a los jóvenes, 6 de enero de 2016.

alerta. Sabemos de la cantidad de peregrinos que llegarán a Roma y que su acogida «debe expresarse no solo en las obras estructurales y culturales necesarias, sino también en hacerles vivir la experiencia de la fe, de la conversión y del perdón, encontrándose con una comunidad viva que da testimonio gozoso y convencido de ello»[4].

Al mismo tiempo, la presencia de peregrinos de todo el mundo no significa que los propios habitantes de la ciudad deban resignar espacios o comodidades ante el evento. El Año Santo puede «tener un impacto positivo en la propia fisonomía de la ciudad, mejorando su decoro y haciendo más eficaces los servicios públicos, no solo en el centro, sino también acercando el centro a los suburbios»[5]. Sé del esfuerzo que han puesto las autoridades de los distintos niveles de gobierno en esta dirección, pero les pido que no dejen de estar atentas ante posibles excesos. Hay que evitar algunos efectos no deseados del Jubileo, como la drástica disminución de la oferta de propiedades en alquiler para los habitantes de la ciudad frente a la especulación inmobiliaria de quienes buscan «salvarse» ofreciendo alojamientos caros y temporarios a los peregrinos. También hago un llamado para que la festividad no signifique desentenderse de los problemas y se busque «limpiar» de pobres y sin techo a la ciudad.

Sabemos que Roma es una ciudad única y con un espíritu universal. Pero «este espíritu quiere estar al servicio de la caridad, al servicio de la acogida y de la hospitalidad»[6].

---

[4] Francisco, Discurso a los participantes en la Asamblea plenaria del Dicasterio para la Evangelización, Sección para las cuestiones fundamentales en el mundo, 15 de marzo de 2024.

[5] Francisco, Visita al Campidoglio, 10 de junio de 2024.

[6] *Ibid.*

El Jubileo nos permite llevar este mensaje de esperanza al mundo entero a la vez que millones de hermanos y hermanas de todas las latitudes se acercarán a Roma para peregrinar y atravesar las puertas santas de las basílicas papales de la ciudad. Recordemos que, desde que Bonifacio VIII instituyó el primer Año Santo en 1300, el pueblo fiel de Dios ha vivido esta celebración como un don especial de gracia, caracterizado por el perdón de los pecados y, en particular, por la indulgencia, expresión plena de la misericordia de Dios.

San Pablo VI consideró hace más de medio siglo que «la gracia del Jubileo se obtiene en efecto al precio de una puesta en marcha y de un caminar hacia Dios, en la fe, la esperanza y el amor» (GD 61).

A los cristianos nos corresponde llevar esta hermosa virtud al mundo, en un momento decisivo para la humanidad. Todo esto solo será posible si somos capaces de recuperar el sentido de la fraternidad universal y si no cerramos los ojos ante la tragedia de la pobreza que impide a millones de personas vivir de manera humanamente digna. En la Bula de convocación, deseé especialmente que «el Jubileo sea para todos ocasión de reavivar la esperanza» (SNC 1).

La fuerza de la esperanza

Hay un aspecto de la esperanza que me parece relevante para reflexionar de cara al año jubilar. Es la importancia de que cultivemos la virtud frente a su opuesto, la desesperanza, un mal que nos aqueja en medio de una globalización cada vez mayor de la indiferencia y de la cultura del yo. Por eso, quisiera hacer también un llamado para que no caigamos en la tentación de considerarla solamente dentro de la esfera de lo individual, sin reconocer su ethos comunitario.

Comparto lo escrito recientemente por un filósofo contemporáneo de que «el culto a la positividad aísla a las personas, las vuelve egoístas y suprime la empatía, porque a las personas ya no les interesa el sufrimiento ajeno. Cada uno se ocupa solo de sí mismo, de su felicidad, de su propio bienestar. En el régimen neoliberal, el culto a la positividad hace que la sociedad se vuelva insolidaria. A diferencia del pensamiento positivo, la esperanza no le da la espalda a las negatividades de la vida. Las tiene presentes. Además, no aísla a las personas, sino que las vincula y reconcilia. El sujeto de la esperanza es un nosotros»[7].

La esperanza nos sostiene y nos mantiene en movimiento. Nos sucede a los cristianos, que tenemos en ella a nuestra ancla y a nuestra vela, y debería suceder también en la Iglesia. Es el motor para que vivamos una Iglesia en salida, con ese dinamismo que Dios quiere provocar en los creyentes y del que tenemos numerosos ejemplos bíblicos, como cuando Abrahán aceptó el llamado a salir hacia una tierra nueva (Génesis 12,1-3) o cuando Moisés escuchó el llamado de Dios e hizo salir al pueblo hacia la tierra de la promesa (Éxodo 3,10-17).

Es también la virtud que nos da fuerza a diario ante «los desafíos siempre nuevos de la misión evangelizadora de la Iglesia» y para aceptar el llamado a «salir de la propia comodidad y atreverse a llegar a todas las periferias que necesitan la luz del Evangelio» (EG 20).

---

[7] Byung-Chul HAN, *El espíritu de la esperanza*, Herder, Barcelona 2024.

Sin embargo, diversos factores se han combinado para que se haya instalado entre nosotros una especie de fatiga «que podríamos llamar el cansancio de la esperanza»[8]. Es una sensación que puede llegar a dejarnos sin reacción ante la intensidad y profundidad de las transformaciones que atravesamos como sociedad. Estamos viviendo un cambio de época, más que una época de cambios, y no debemos dejarnos vencer por la desesperanza.

Desde ya que en muchos casos esta desesperanza que se expande entre nuestros hermanos y hermanas es responsabilidad directa de una Iglesia herida por su pecado y que tantas veces no ha sabido escuchar esos gritos en el que se escondía el grito del Maestro: «Dios mío, ¿por qué me has desamparado?» (Mateo 27,46).

Por eso necesitamos abrirnos más a la esperanza ofrecida por el Evangelio, que es el antídoto para el espíritu de desesperanza que crece en la sociedad. Es la virtud que nos mantiene firmes mientras navegamos las aguas turbulentas de un mundo en el que cada vez aparecen más peligros, como la atracción del materialismo que asfixia los auténticos valores espirituales y culturales y el espíritu de competencia desenfrenado que genera egoísmo y conflictos. Nosotros, en la Iglesia, no estamos ajenos a estos riesgos y tentaciones.

Los miembros de la Iglesia tenemos a la esperanza como antídoto, también, contra lo que he llamado «la mundanidad espiritual, que a diferencia de todas las otras tentaciones es difícil de desenmascarar, porque está cubierta de

---

[8] Francisco, Santa Misa con sacerdotes, consagrados y movimientos laicales, Catedral-Basílica Santa María la Antigua, Panamá, 26 de enero de 2019.

todo lo que normalmente nos da seguridad: nuestro cargo, la liturgia, la doctrina, la religiosidad»[9].

Para alejarnos de estos comportamientos de desesperanza, los hermanos y hermanas de la Iglesia nunca debemos olvidarnos de apelar cada vez más a la humildad, que «es la capacidad de saber habitar sin desesperación, con realismo, alegría y esperanza, nuestra humanidad; esta humanidad amada y bendecida por el Señor» y de «comprender que no tenemos que avergonzarnos de nuestra fragilidad»[10].

Es la falta de humildad la que nos ha llevado a cometer pecados, a veces silenciados o callados, y con los que en muchos casos hemos lastimado a miles de personas. Aún atravesamos lo que podemos definir como una crisis causada por «los escándalos de ayer y de hoy»[11]. Nos hemos equivocado y estamos en la senda de aprender a no volver a fallar, mejorando los controles y juzgando a quienes cometieron delitos.

La esperanza nos mantiene en salida, nos hace esa Iglesia «misionera» hacia las periferias y hacia nuevos ámbitos socioculturales. Es nuestra vela para poder navegar en mar abierto.

Lo importante es estar en movimiento y superar la tentación de permanecer paralizados o, peor aún, de perdernos en los temores que se instalan dentro de los muros interiores que levantamos nosotros mismos. Levantemos la guardia frente al indietrismo y frente a la rigidez que se genera cuando nos apegamos a las ideologías que, a menudo bajo

---

[9] Francisco, Discurso a los miembros del colegio cardenalicio y de la Curia romana con motivo de las felicitaciones navideñas, 23 de diciembre de 2021.

[10] *Ibid.*

[11] Francisco, Discurso a la Curia romana con ocasión de las felicitaciones navideñas, 21 de diciembre de 2020.

la apariencia de buenas intenciones, nos separan de la realidad y nos impiden caminar.

Una Iglesia misionera y en movimiento es una Iglesia abierta. Pensemos en nuestras casas: la puerta que abrimos para salir permite también que entren aires nuevos para «oxigenarnos». Abriendo las puertas y los corazones sacamos ese olor a naftalina espiritual propio de quien solo se preocupa por sus intereses y, como consecuencia, ni aprende de sus pecados ni se entrega al perdón.

Esos son los dos signos de una persona cerrada. No aprende de los propios pecados y no está abierta al perdón. Es «una tremenda corrupción con apariencia de bien. Hay que evitarla poniendo a la Iglesia en movimiento de salida de sí, de misión centrada en Jesucristo, de entrega a los pobres» (EG 97). ¿Y cuál es nuestra vela para eso? La esperanza.

Esta es la profecía que la Iglesia nos entrega hoy: quiere que seamos mujeres y hombres de esperanza, incluso en medio de los problemas, porque la virtud «es libre, no es esclava, siempre encuentra un sitio para arreglar una situación»[12].

Debemos poder decir cuán «bella es la libertad, la magnanimidad, la esperanza de un hombre y una mujer de Iglesia. En cambio, qué fea y cuánto mal hace la rigidez de una mujer o de un hombre de Iglesia, la rigidez clerical, que no tiene esperanza»[13].

¡Alcemos la guardia contra las falsas esperanzas que el mundo nos presenta, desenmascarando su inutilidad y

---

[12] Francisco, «La lección de una abuela», misa matutina en la Domus Sanctae Marthae, 14 de diciembre de 2015.
[13] *Ibid.*

mostrando la insensatez! En especial, estamos llamados a denunciar la falsedad de los ídolos en los que el hombre está continuamente tentado de poner su confianza, haciéndoles el objeto de su esperanza.

Me ha pasado en Buenos Aires, en donde, como caminaba mucho, tenía a veces que atravesar algunos parques. Recuerdo un par de veces haber visto, entre la gente, entre el pasto, las mesas en las que estaban sentados los videntes. Y había filas de gente aún más largas. Era rápido: uno se acercaba, le leían la mano y les daba vueltas de un relato muy parecido a todos: hay una mujer en tu vida, hay una sombra que viene, pero todo irá bien. Todas frases hechas, generales, predecibles. La gente parecía quedarse contenta con eso, le pagaba y se iba. Pensemos si es esa la verdadera seguridad. No. Esto es un ídolo, y cuando nosotros estamos muy apegados a idolatrar compramos falsas esperanzas.

En cambio, pese a que tenemos de forma gratuita la esperanza que nos ha traído Jesucristo dando la vida por nosotros, a veces la descartamos y no nos fiamos de ella. A veces es difícil que haya esperanza en el pueblo de Dios si muchas veces hemos sido nosotros quienes desde la Iglesia hemos conspirado contra el crecimiento de esa levadura. Con nuestros pecados hemos retaceado las semillas que, como los granos de mostaza que nos relata la Biblia, servirían para sembrar un horizonte nuevo entre nuestros hermanos y hermanas. Pero podemos todavía acudir al perdón para volver a dar esperanza.

Porque necesitamos esperanza, quiero reiterar que todavía siento dolor y vergüenza por los daños irreparables causados a los niños, niñas y adultos víctimas de los abusos sexuales, de conciencia y de poder por parte del clero en todo el mundo.

Porque necesitamos esperanza, quiero pedir perdón por los pecados cometidos por miles de cristianos en todo el mundo contra pueblos indígenas.

Porque necesitamos esperanza, quiero pedir perdón a todos los pobres y desamparados del mundo por cada vez que un cristiano les dio vuelta el rostro.

Porque necesitamos esperanza, quiero pedir perdón por cada vez que un miembro de la Iglesia cayó en la corrupción y traicionó la confianza de nuestros hermanos y hermanas.

Porque necesitamos esperanza, quiero pedir perdón por las persecuciones que en toda época se han hecho en nombre de Dios.

Pedir perdón es necesario, pero no basta. Nunca alcanzarán nuestras palabras de arrepentimiento por todo el mal que se ha hecho. Pero queremos mirar a los ojos a las víctimas, a los miembros de nuestras comunidades y a la sociedad y convocarlos a todos a peregrinar en nuestro camino de esperanza. Pedir perdón es un obligado primer paso.

Nadie se salva solo

La globalización de la indiferencia atraviesa el mundo y agiganta una cultura del yo en la que cada vez son menos los espacios de pertenencia grupal en los que se referencian nuestros hermanos y hermanas. Muchos ámbitos comunitarios se han vuelto el blanco de cierto discurso hegemónico que, como fundamento filosófico de un capitalismo cada vez más salvaje, busca empoderar a un individualismo exacerbado como única dimensión posible para la realización del ser humano.

En medio de una época en la que casi todo es líquido o ligero[14], la esperanza nos habla en cambio de una realidad que está enraizada en lo profundo del ser humano, independientemente de las circunstancias concretas y de los condicionamientos históricos en que se da. Nos habla de una sed de plenitud, de vida lograda, de elevar el espíritu hacia cosas grandes como la verdad, la bondad y la belleza, la justicia y el amor.

Por eso la esperanza requiere también estar dispuestos a no dejarse seducir por lo efímero y volátil, por el hedonismo vacío y las promesas de un placer inmediato, autorreferencial y egoísta. Por los ídolos o por los falsos profetas.

La esperanza tiene audacia y mira más allá de la comodidad personal, de las pequeñas seguridades y de compensaciones que estrechan el horizonte para abrirse a grandes ideales que hacen la vida más bella y digna.

Benedicto XVI escribió con sabiduría que «como cristianos, nunca deberíamos preguntarnos solamente: ¿cómo puedo salvarme yo mismo? Deberíamos preguntarnos también: ¿qué puedo hacer para que otros se salven y para que surja también para ellos la estrella de la esperanza? Entonces habré hecho el máximo también por mi salvación personal» (SS 48).

Hay un proverbio africano que dice: «Si querés ir de prisa, andá solo, pero si querés llegar lejos, andá acompañado». Así es que la esperanza que se nos ha donado no nos separa de los otros, ni tampoco nos lleva a desacreditarlos o marginarlos[15]. Se trata más bien de un don extraordinario del cual

---

[14] Cf. Zygmunt Bauman, *Modernidad líquida*, Fondo de Cultura Económica de España, Madrid 2003 y Gilles Lipovetsky, *De la ligereza*, Anagrama, Barcelona 2016.

[15] Cf. Francisco, Audiencia general, 15 de febrero de 2017.

estamos llamado a hacernos «canales», con humildad y sencillez, para todos y con todos.

La pandemia que hace algunos años azotó el mudo entero, la interconexión de los desafíos de la humanidad y la aceleración de una tercera guerra mundial en pedazos cada vez más grandes nos recuerdan que nadie se salva solo y que por eso es imposible pensar la esperanza en soledad.

Si esperamos, es porque muchos de nuestros hermanos y hermanas nos enseñaron a esperar y han mantenido viva nuestra esperanza. Ese es el ejemplo cotidiano que nos dan quienes se mantienen invisibles pero firmes: los pequeños, los pobres, los simples, los marginados. No hay esperanza dentro de quien se cierra en sí mismo y busca solo su propio bienestar.

La esperanza cristiana no tiene solo una respiración personal o individual, sino comunitaria o eclesial. Todos nosotros esperamos; todos nosotros tenemos esperanza, por lo que «un camino de esperanza requiere una cultura del encuentro, del diálogo, que supere los contrastes y el enfrentamiento estéril»[16].

Entre las representaciones más bellas que se han hecho de esta virtud está la de un poeta que nos dice con belleza que Dios no se asombra tanto por la fe de los seres humanos, ni por su caridad, sino que lo que realmente le llena de maravilla y asombro es la esperanza de la gente: «Que los pobres hijos vean cómo van las cosas y que crean que irán mejor mañana»[17].

---

[16] FRANCISCO, Saludo a los jóvenes del Centro Cultural Padre Félix Varela, La Habana, Cuba, 20 de diciembre de 2015.

[17] Charles PÉGUY, *El pórtico del misterio de la segunda virtud*, Encuentro, Madrid 1991.

Esos son versos me vienen a la mente al pensar en los rostros «de tanta gente que está de paso en este mundo –campesinos, pobres, obreros, migrantes en busca de un futuro mejor– que ha luchado tenazmente a pesar de la amargura de un presente difícil, lleno de tantas pruebas, pero animada por la confianza de que sus hijos hubieran tenido una vida más justa y serena. Luchaban por los hijos, luchaban en la esperanza»[18]. Que sean ellos los protagonistas del Jubileo, que sean sus rostros en los que pensemos a la hora de ser peregrinos de la esperanza.

---

[18] Cf. FRANCISCO, Audiencia general, 27 de septiembre de 2017.

1

EL ROSTRO DE UNA MUJER EMBARAZADA

El artista Gustav Klimt pintó a comienzos del siglo XX sus obras *Esperanza I* (1903) y *Esperanza II* (1907). En ellas, retrató a dos mujeres embarazadas como representación de la virtud. En la primera, la mujer mantiene las manos juntas entre el vientre y el pecho y mira directamente al espectador, con un semblante de paz y tranquilidad, pese a estar rodeada de la muerte y otras figuras tenebrosas. Es que el pintor, según planteó años después, quiso transmitir que «solo dentro de ella surge la belleza, la esperanza. Y lo expresa con su mirada».

Es un cuadro que tiene mucha fuerza. A mí siempre me viene a la mente, al hablar de la esperanza, el rostro de una mujer embarazada. Y pienso en que va al médico, tiene su ecografía, ve al hijo que lleva en su vientre y tiene una felicidad que se le sale por los poros. Todos los días se toca la panza para sentir a ese niño que todavía no conoce, piensa en el nombre, vive esperándolo.

Sabemos que «el embarazo es una época difícil, pero también es un tiempo maravilloso» (AL 168). Cuando una mujer se da cuenta de que está embarazada, cada día aprende a vivir en espera de ver la mirada de ese niño que vendrá. Y eso es esperanza.

Un pasaje de las escrituras nos relata una imagen bellísima, que Jesús ha dejado a los discípulos durante la última cena: «La mujer, cuando va a dar a luz, está triste, porque le ha llegado su hora, pero cuando ha dado a luz al niño, ya no se acuerda del aprieto, por el gozo de que ha nacido un hombre en el mundo» (Juan 16,21). El amor materno da a luz la vida y da incluso sentido al dolor. El amor es el motor que hace ir adelante nuestra esperanza. Por eso me gusta tanto la imagen de la mujer embarazada como un rostro simbólico de esta virtud.

Tenemos también el ejemplo de María, que da el «sí» a la invitación del ángel más allá de estar en plena juventud y sin saber bien qué futuro tiene por delante. Así, María confió y en ese instante se nos presenta como una de las muchas madres de nuestro mundo, con esa valentía incomparable de acoger en su propio vientre la historia de un nuevo hombre que nace. Es el valor de tener esperanza en la humanidad.

¿Qué nos dicen todas estas imágenes? La necesidad de esperanza en el mundo de hoy se traduce en la necesidad de que promovamos la natalidad.

Muchos nos han querido inculcar las teorías eugenésicas de que ya somos demasiados en la Tierra, mientras otros han buscado siempre caminos de neomalthusianismo para poder justificar la cultura del descarte que amenaza con borrar del planeta a millones de hermanos y hermanas. Siempre me ha llamado la atención «cómo estas tesis, hoy anticuadas y superadas desde hace mucho tiempo, hablaban de los seres humanos como si fueran problemas. Pero la vida humana no es un problema, es un regalo»[1]. Por eso,

---

[1] FRANCISCO, Discurso a los participantes en la cuarta edición de los Estados Generales de la Natalidad, 10 de mayo de 2024.

cada vez que nos encontremos el rostro de una mujer embarazada sabremos que es en ella que se gesta la verdadera esperanza de la humanidad.

Por una primavera de esperanza frente al invierno demográfico

Uno de los mayores retos para la revolución de la esperanza por la que tenemos que peregrinar en este Año Santo es que logremos revertir el invierno demográfico que se avecina sobre varias regiones del mundo.

El nacimiento de los hijos, de hecho, es el principal indicador para medir la esperanza de un pueblo[2]. Si nacen pocos niños quiere decir que hay poca esperanza. No es solo el impacto sobre el producto de un país o la economía de una región. Es una cuestión más profunda, de qué tipo de confianza depositamos en un futuro sin hijos.

El tema de la baja natalidad es una verdadera emergencia social. Es una luz roja que se ha prendido ya hace muchos años y que, en medio de un mundo con cada vez más guerras, pobreza y hambrunas, parece haber quedado relegada a un segundo plano. Pero corremos el riesgo de que cuando emerja a la superficie sea demasiado tarde.

Es cierto que, en muchos países, poder formar una familia se ha vuelto una carga cada vez más pesada desde el punto de vista económico, lo que lamentablemente condiciona la mentalidad de las jóvenes generaciones, que crecen en la incertidumbre, la desilusión y el miedo. Vemos, principalmente en los países denominados «desarrollados», cómo miles de

---

[2] Francisco, Discurso a los participantes en la tercera edición de los Estados Generales de la Natalidad, 12 de mayo de 2023.

jóvenes que quieren ser padres terminan relegando su sueño a causa de los miedos para afrontar el reto. Aparecen entonces los reemplazos cómodos que rellenan la vida cotidiana con el consumismo exacerbado, la ilusión de una realización personal en soledad, la sacralización del tiempo de ocio. Así, el deseo de formar una familia queda anestesiado y se convierte en una utopía.

Esa actitud solo tiende a empobrecer a nuestra familia humana. Es «una pobreza trágica, porque golpea al ser humano en su mayor riqueza: dar a luz vidas para cuidarlas, transmitir a otros con amor la existencia que se ha recibido»[3]. Es una forma de resignación y conformismo que va entristeciendo nuestros corazones. Perdemos la esperanza: dejamos de esperar grandes cosas.

La ampliación de la familia humana –en definitiva, se trata de eso– debería ser un valor compartido que todos reconocen y apoyan. Es tener esperanza en la vida común que se impone sobre las existencias solitarias en las que se fermentan el individualismo extremo y el hedonismo rampante de esta época.

No olvidemos: el todo es superior a las partes. Porque los niños que llegan al mundo no son solo un regalo para sus familias, son personas que contribuyen a lo largo de su vida al crecimiento de todos, aportando riqueza humana y generacional. Agrandar la propia familia de cada uno es, al mismo tiempo, una forma de enriquecer la humanidad.

Cada vez se habla menos de los derechos familiares, que van cediendo paso en las discusiones sociales, políticas y mediáticas a las necesidades individuales. Estoy convencido, en

---

[3] Francisco, Discurso a los participantes en la segunda edición de los Estados Generales de la Natalidad, 12 de mayo de 2022.

cambio, de que «la familia es un bien del cual la sociedad no puede prescindir, pero necesita ser protegida» (AL 44).

Vemos, por ejemplo, cómo es cada vez más difícil para muchas mujeres sortear la trampa del falso dilema que plantea la sociedad actual y que las hace tener que elegir entre una carrera profesional o la maternidad. O cómo impacta sobre sus espaldas el peso de tener que ser las encargadas del cuidado de las personas no autónomas en sus familias, lo que golpea de lleno en las perspectivas de sus propias maternidades.

Ante un problema integral como es el invierno demográfico que se avecina, necesitamos respuestas igual de integrales. Las cifras marcan que en algunos países europeos se registran ya los menores números de nacimientos anuales de los últimos cincuenta años.

Para esta revolución que multiplique esos rostros de la esperanza que son las mujeres embarazadas necesitamos una alianza entre el mundo de la política, de las empresas, de la sociedad civil, en donde estemos todos reunidos «para razonar sobre cómo pasar del invierno a la primavera demográfica»[4].

La esperanza, en efecto, interpela a ponerse en marcha para encontrar soluciones que den forma a una sociedad a la altura del momento histórico que estamos viviendo, atravesado por tantas injusticias. Impulsar la natalidad quiere decir también reparar las formas de exclusión social que están afectando a los jóvenes y su futuro. Para dar un ejemplo sumamente concreto: ¿con qué aportes se van a financiar las jubilaciones y pensiones de los trabajadores que vendrán si no hay hijos que trabajen mañana?

---

[4] Francisco, Discurso a los participantes en la tercera edición de los Estados Generales de la Natalidad, 12 de mayo de 2023.

La falta de miradas a largo plazo y de un sentir comunitario nos hizo desconectar de la historia. Ya no miramos al pasado ni pensamos en el futuro para tomar conciencia de que nos debemos a una familia humana. Vivimos en el presente perpetuo de la selfi.

Tenemos una memoria en la que anclarnos; tenemos un futuro que legar a quienes nos continuarán. En cambio, «la falta de hijos, que provoca un envejecimiento de las poblaciones, junto con el abandono de los ancianos a una dolorosa soledad, es un modo sutil de expresar que todo termina con nosotros, que solo cuentan nuestros intereses individuales» (FT 19). Nos quisieron vender que había un «fin de la historia» para imponer la etapa más salvaje de un capitalismo que mata; ahora nos quieren vender que ese fin de la historia está en nosotros para que no siga creciendo la familia humana.

Necesitamos que las personas con responsabilidad política empiecen a ver la problemática del invierno demográfico que se avecina como una película completa que puede incluso amenazar la existencia del ser humano en la Tierra y no como una foto pasajera.

El diagnóstico es apremiante, pero nos da aún un margen para actuar. No dejemos que formar una familia se vuelva una ilusión: convirtámoslo en algo realizable. Démosles esperanza a las mujeres y hombres que sueñan convertirse en madres y padres. La tarea nos incluye a todos. Necesitamos políticas públicas creativas, de largo alcance y con visión de futuro para la promoción de la familia.

Sé que en algunos países europeos hay regiones en las que han podido mantener estable la tasa de natalidad gracias a beneficios como descuentos en guarderías y productos para bebés. Esto se ha logrado sobre la base de una decisión de que el Estado, en alianza con el sector privado, pueda crear el marco para que la economía ya no sea condicionante a la hora de querer formar una familia. Estos incentivos, por otro lado, liberan las cargas de las mujeres para que puedan continuar con sus carreras laborales.

El sector privado también debe enfocarse más en dar garantías de empleos suficientemente estables y seguridad para los hogares. El deseo de maternidad de una mujer, por ejemplo, no debería jamás ser parte de las preguntas durante una entrevista laboral como una especie de filtro encubierto.

Otra línea de acción que debemos explorar es frenar ya los procesos de migraciones de jóvenes de nuestros países. Si formar una familia en la propia tierra es ya difícil, imagínense en el extranjero, sin el entorno de afecto y cuidado con el que hemos crecido.

Al mismo tiempo, sabemos que no basta con traer un hijo al mundo para decir que se es padre o madre. Sin responsabilidad, el ADN no alcanza. Por eso considero una herida abierta en el cuerpo del niño Jesús cada vez que un padre o una madre «se borra» y deja a sus hijos sin cuidados o sin las ayudas correspondientes.

Hacerse padre incluye hacerse cargo. Este paternar con responsabilidad fue lo que hizo José al reconocer jurídicamente y darle el nombre a Jesús, que significa «el Señor salva», cumpliendo así el mandato de Dios anunciado en sueños por el ángel: «Porque salvará a su pueblo de sus pecados» (Mateo 1,21). En muchos países los poderes judiciales están dando pasos muy importantes para velar por los intereses de los niños cuando uno de los padres se desentiende de sus obligaciones.

Pienso también en la necesidad de que se favorezca el acceso a la adopción, a la que considero «la forma más sublime de paternidad y maternidad»[5]. Son millones los niños en el mundo que esperan que alguien cuide de ellos, así como se cuentan por miles los cónyuges que quieren ser padres y madres pero no pueden por motivos biológicos o que, incluso ya teniendo hijos, quieren agrandar su familia. Quieren seguir trayendo esperanza al mundo.

Quiero repetir que «el descenso demográfico, debido a una mentalidad antinatalista y promovido por las políticas mundiales de salud reproductiva, no solo determina una situación en la que el sucederse de las generaciones ya no está asegurado, sino que se corre el riesgo de que con el tiempo lleve a un empobrecimiento económico y a una pérdida de esperanza en el futuro» (AL 42).

La familia es el principal antídoto contra la pobreza material y espiritual que crece en el mundo y también contra el problema del invierno demográfico que empieza a acechar principalmente a Occidente, pero que, si no actuamos rápido, tendrá consecuencias sobre el resto de los países.

La familia, semilla de paz y esperanza

Donde hay familia hay amor, hay una semilla de paz y de esperanza. No quiero con esto idealizar a las familias, ni mucho menos. En casi todas las casas hay discusiones, vuelan los platos, tenemos un padre o un hijo con el que nos enojamos. Pero me gusta pensar en esas situaciones familiares como de cruz y resurrección[6]. Discutimos con

---

    [5] FRANCISCO, Audiencia general, 5 de enero de 2022.
    [6] Cf. FRANCISCO, Fiesta de las familias y vigilia de oración en el B. Franklin Parkway, Filadelfia, 26 de septiembre de 2015.

fuerza, pero después nos perdonamos. Y la familia sigue adelante más fuerte.

Por eso, junto con la madre embarazada, también la familia es un rostro de esperanza. En la familia hay dificultades, pero se superan con amor. Y no hace falta que sean peleas: pensemos en las noches sin dormir de los padres apenas llega un nuevo integrante. O situaciones del trabajo que pueden impactar en el vínculo en la pareja. Pero la familia es esa semilla de amor que nos fortalece para superar esas dificultades. El odio nunca nos va a dar ese camino.

No existe la familia perfecta. No hay que tener miedo a la imperfección, a la fragilidad, ni siquiera a los conflictos: hay que aprender a afrontarlos de manera constructiva. Por eso, la familia en la que todos se quieren con los propios límites y pecados se convierte en una escuela de perdón.

Las familias no son algo estático, no hay que pensarlas como piezas de museo: es el lugar de amor en el que se concreta la capacidad de darse, el compromiso recíproco y la apertura generosa a los demás, así como el servicio a la sociedad. Ese entorno, desde que somos chicos, nos prepara justamente para un mundo en el que la convivencia y la superación de conflictos a través del diálogo constituyen la forma más sana de relacionarnos con nuestros hermanos y hermanas.

Las familias generan paz en todas las sociedades porque enseñan el amor, la aceptación y el perdón, que son los mejores antídotos contra el odio, los prejuicios y la venganza que envenenan la vida de las personas y de las comunidades[7].

Deseo subrayar una vez más que «la fraternidad se empieza a aprender en el seno de la familia», que «por

---

[7] Cf. Francisco, Fiesta de las familias en el estadio Croke Park, Dublín, Irlanda, 25 de agosto de 2018.

vocación, debería contagiar al mundo con su amor y contribuir a que madure ese espíritu de servicio y participación que construye la paz. Tener esperanza en la familia es tener esperanza en la paz»[8].

Con esperanza en un futuro de fraternidad y paz, quiero decirles a los jóvenes que sí, que vale la pena apostar por la familia y que en ella encontrarán los mejores estímulos para madurar y las más bellas alegrías para compartir. Más allá de las dificultades que puedan encontrar, no se dejen engañar por quienes les proponen una vida de desenfreno individualista que finalmente lleva al aislamiento y a la peor soledad (cf. CV 263).

Formar una familia es una de las formas más bellas de ser revolucionario. Es entregarse a que el amor venza al odio y convertirse en peregrinos de esperanza, en medio de una cultura reinante de lo provisorio y lo relativo. Frente a un mundo en el que muchos predican que lo importante es disfrutar el momento, que no vale la pena comprometerse para toda la vida o hacer opciones definitivas, los llamo a abrirse a la experiencia superadora del amor que es la familia.

A la familia también hay que defenderla día a día. Además de las amenazas de colonizaciones ideológicas que buscan contrastarla con modelos en los que todo pasa por una experiencia individual, son ciertas las difíciles condiciones en las que muchas de ellas se ven obligadas a vivir, hasta el punto de faltarles los mismos medios de subsistencia.

La Declaración Universal de los Derechos Humanos describe a la familia como el elemento natural y fundamental de la sociedad, por lo que todo ataque a las familias termina siendo un ataque al conjunto. En sociedades cada

---

[8] Francisco, Mensaje para la Jornada Mundial de la Paz, 2014.

vez más fragmentadas, las familias no suelen quedar exentas de un sentido de desarraigo y orfandad que se propaga.

Si queremos volver a rehabilitar sociedades fuertes en las que el sentido de lo comunitario se imponga contra los individualismos, necesitamos empezar por rehabilitar a la familia. Y, para eso, cuidar la dignidad de toda vida es la más urgente de nuestras prioridades.

La defensa de la vida y de la familia

Recordemos las palabras del Concilio Vaticano II: «La vida desde su concepción ha de ser salvaguardada con el máximo cuidado; el aborto y el infanticidio son crímenes abominables» (GS 51).

Hay una cultura del descarte que «considera al ser humano en sí mismo como un bien de consumo, que se puede usar y luego tirar» (EG 53) y nos amenaza a todo nivel: individuos, familia y sociedad.

Una de las formas más macabras de esa cultura del descarte es el aborto, un hábito que se ha ido globalizando a la merced de fuertes campañas ideológicas de algunos centros de poder y al que no podemos describir más que como un homicidio.

No está de más reiterar que «la paz exige que ante todo se defienda la vida, un bien que hoy es puesto en peligro no solo por los conflictos, el hambre y las enfermedades, sino demasiadas veces incluso desde el seno materno, afirmando un presunto "derecho al aborto"»[9].

---

[9] FRANCISCO, Discurso a los miembros del Cuerpo Diplomático acreditado ante la Santa Sede con motivo de las felicitaciones de Año Nuevo, 9 de enero de 2023.

El aborto no es una cuestión de fe sino de humanidad. Es un problema prerreligioso. Debería ser una regla básica de convivencia universal que nadie puede arrogarse el derecho sobre la vida de otro ser humano: menos aún si la víctima está desprotegida y sin posibilidad de defensa. La Pontificia Academia para la Vida nos recordó recientemente que «en la era de los derechos humanos universales, no puede existir el "derecho" a quitar una vida humana»[10].

Como en la época de los espejitos de colores, hay una creciente presión en los foros internacionales para promover aperturas cada vez más indiscriminadas en lo referido al aborto. Es una presión que muchas veces se oculta como un caballo de Troya en el condicionamiento a ayudas presupuestarias y financieras hacia los países más pobres.

La relación especial entre la madre y el hijo que lleva en su vientre es de un amor real e intenso entre dos seres humanos que se comunican entre sí desde los primeros momentos de la concepción para favorecer la adaptación mutua, a medida que el niño crece y se desarrolla. Por eso crece la preocupación en muchos ámbitos por el avance de las denominadas terapias prenatales para seleccionar y descartar a niños con diversas patologías bajo la falsa ilusión de una prevención. La enseñanza de la Iglesia sobre este punto es clara: la vida humana es sagrada e inviolable y el uso del diagnóstico prenatal con fines selectivos debe ser fuertemente desalentado, porque es la expresión de una mentalidad eugenésica inhumana, que priva a las familias de la posibilidad de acoger, abrazar y amar a sus hijos más débiles.

---

[10] PONTIFICIA ACADEMIA PARA LA VIDA, «Declaración», 4 de marzo de 2024.

Así como necesitamos que las personas con responsabilidades públicas trabajen de manera activa para promover políticas de fomento a la natalidad, es igual de necesario un compromiso para tutelar los derechos de los más débiles y erradicar la cultura del descarte.

Lamentablemente, en los últimos años se ha extendido también otra práctica que, en nombre de supuestos derechos de una minoría, reproduce patrones colonialistas y esclavistas en los cuerpos de miles de mujeres a las que priva de total dignidad. Estoy hablando de la subrogación de vientres.

La posición del Vaticano en este punto es clara, como recordé este año al hablar con embajadores de todo el mundo: «El camino hacia la paz exige el respeto de la vida, de toda vida humana, empezando por la del niño no nacido en el seno materno, que no puede ser suprimida ni convertirse en un producto comercial». Por eso vuelvo a reiterar una vez más la absoluta condena a esta práctica que «ofende gravemente la dignidad de la mujer y del niño; y se basa en la explotación de la situación de necesidad material de la madre»[11]. Nos mueve la convicción humana de que un hijo es siempre un don y nunca el objeto de un contrato, por lo que me uno a los pedidos de algunos gobiernos para que la subrogación de vientres sea considerada como un delito universal.

Pese a los intentos de algunos países que buscan desarrollar un comercio lucrativo, no podemos pensar que exista algo como la maternidad subrogada «éticamente limpia» cuando se comercializa con los niños. Las mujeres que

---

[11] FRANCISCO, Discurso a los miembros del Cuerpo Diplomático acreditado ante la Santa Sede para la presentación de las felicitaciones de Año Nuevo, 8 de enero de 2024.

gestan esos hijos ajenos son explotadas mental y físicamente cuando entran en la llamada industria reproductiva. En su mayoría proceden de entornos pobres o países periféricos y quedan atadas a la necesidad económica de vender su cuerpo para que luego el hijo que han dado a luz les sea arrebatado por otras mujeres, que en su mayoría proceden de entornos ricos y de países centrales.

Se reproducen así patrones colonialistas y esclavistas que creíamos erradicados de buena parte del mundo.

Estas amenazas no deben distraernos de trabajar desde la Iglesia por una pastoral que acompañe a sanar las heridas de todas aquellas mujeres que han atravesado un aborto o han sido víctimas de esa nueva forma de esclavitud moderna que es la subrogación, a quienes siempre debemos brindar consuelo.

Ellas han sido, ellas son y ellas serán los rostros de la esperanza. Son, además, las verdaderas víctimas de estas problemáticas. Por eso no debemos perder de vista el norte de nuestra pastoral, en la que «hay un signo que no debe faltar jamás: la opción por los últimos, por aquellos que la sociedad descarta y desecha» (EG 195). Debemos preguntarnos si como Iglesia hemos estado a la altura en acompañar adecuadamente a las mujeres que atraviesan por la experiencia de un aborto, especialmente a aquellas que viven en contextos frágiles.

La cuestión para nosotros no puede reducirse a si dar o no el perdón. Se trata en primer lugar de víctimas: debemos, entonces, acompañarlas. «Hay que estar en el confesionario y tú allí debes dar consuelo, no castigar nada. Y yo aconsejo muchas veces, cuando lloran y tienen esta angustia: "Tu hijo está en el cielo, habla con él. Cántale la canción de cuna que no le pudiste cantar". Y ahí se encuentra un camino de reconciliación de la mamá con el hijo. Con Dios ya está: es el perdón de Dios»[12].

Mientras nos acercamos al Jubileo de la Esperanza, quiero recordar lo establecido sobre este punto para el Año Santo de la Misericordia de 2016, cuando ofrecí escucha y perdón a todas las mujeres que quisieran confesarse por haber recurrido al aborto sin necesidad de que haya un permiso previo del obispo de la diócesis.

Para nosotros no deja de ser un pecado, pero «puedo y debo afirmar que no existe ningún pecado que la misericordia de Dios no pueda alcanzar y destruir, allí donde encuentra un corazón arrepentido que pide reconciliarse con el Padre» (MM 12).

Al mismo tiempo, se han dado pasos clave para que ya no se les impida el acceso a los sacramentos a las madres solteras que han optado por tener a sus hijos fuera del matrimonio. Así como debemos mejorar nuestro acompañamiento a aquellas que decidieron abortar y abrirnos a perdonarlas, es también necesario que nos alejemos de los rígidos formalismos para atender a las que decidieron seguir adelante con sus embarazos aún en medio de un mar de dificultades.

En ese marco, el Dicasterio para la Doctrina de la Fe fue claro cuando pidió que nos alejemos de la hipocresía que niega los sacramentos a toda mujer que tuvo la valentía de seguir adelante con su embarazo pese a los cantos de sirenas del aborto[13].

---

[12] FRANCISCO, Conferencia de prensa al regreso de Panamá, 27 de enero de 2019.

[13] Cf. DICASTERIO PARA LA DOCTRINA DE LA FE, Carta a S.E. Mons. Ramón Alfredo de la Cruz Baldera, obispo de San Francisco de Macorís, República Dominicana, sobre el acceso a la comunión eucarística de las madres solteras, 13 de diciembre de 2023.

La dignidad de cada persona es inviolable más allá de todas las circunstancias. Todo ser humano tiene que ver con un proyecto de amor de un Dios Padre que de forma gratuita le regaló la vida. Así llegamos al mundo desde el momento en que nuestra madre nos espera en el vientre con esperanza. Y, como hijos, todos hemos sido destinatarios de esa mirada en el seno materno. Nos toca ahora ser peregrinos de la esperanza para llevarla a la entera humanidad, empezando, en casa, por el amor familiar que nos rodea.

La dignidad de la mujer

El respeto por la dignidad de todos es un tema central en el cristianismo, pues la vida de cada persona es sagrada por ser creada a imagen de Dios (Génesis 1,26-27). Esa dignidad comprende tanto a hombres como a mujeres.

Hace ya casi 30 años se firmó la Conferencia de Beijing sobre la Mujer, que llama a que jueguen un rol importante en todos los niveles de la sociedad, con su contribución única, tomando las riendas con gran coraje en servicio del bien común. Sin embargo, aún hoy vemos con dolor cómo en muchas latitudes, en demasiadas situaciones y en incontables países hay mujeres que quedan rezagadas y son víctimas de la esclavitud, la trata, la violencia, la explotación y los tratos degradantes.

Nunca nos cansaremos de pelear para que tengan la dignidad que se merecen. Es lamentable ver que «a pesar de los compromisos asumidos por todos los Estados de respetar los derechos humanos y las libertades fundamentales de cada persona, todavía hoy, en muchos países, las mujeres son consideradas como ciudadanos de segunda clase»[14]. Queda mucho por hacer para pasar del discurso a la acción y que dejen de ser objeto de violencia y de abusos, al tiempo que se les permita un acceso pleno a la posibilidad de estudiar, de trabajar, de expresar sus propias capacidades.

Quiero reiterar una vez más el más absoluto rechazo a cualquier forma de discriminación contra las mujeres. Debemos ejercitar una plena igualdad. Y si este proceso es a veces «dormido» por los hombres con responsabilidades, resulta interesante estudiar, allí donde sea necesario, la introducción de cuotas mínimas (la denominada discriminación positiva) para garantizar una plena igualdad de oportunidades que permita un verdadero caminar juntos de toda la humanidad, integrando a todos. Múltiples estudios marcan cómo son las mujeres las que más sufren el impacto de la pobreza, de la explotación, de la falta de educación y de asistencia sanitaria, entre otros indicadores.

Todos estos factores hacen que sea imposible la ilusión de una línea de partida igual para mujeres y hombres a la hora de buscar crecimiento laboral o académico, como sostienen algunos discursos de extrema meritocracia. Estos abismos de origen se agigantan cuando, además, las mujeres son pobres o de raza negra.

Muchas formas de pobreza y privación afectan en particular a las mujeres. Son ellas quienes, en especial en contextos de fragilidad económica y falta de educación, corren un mayor riesgo de sufrir abusos sexuales y matrimonio infantil. ¿Qué esperanza podemos tener en un mundo en el

---

[14] FRANCISCO, Discurso a los miembros del Cuerpo Diplomático acreditado ante la Santa Sede con motivo de las felicitaciones de Año Nuevo, 9 de enero de 2023.

que se maltrata a las encargadas de dar a luz a sus futuros habitantes?

No puede haber en este tema mezquindades políticas o ideológicas. No hay *«ismos»* que sirvan de excusa para defender o justificar el machismo desenfrenado que no solo puede llegar a matar, sino que pisotea la dignidad de la mujer. Se trata de un tema de humanidad.

La presencia de la mujer en la sociedad hace al bien de todos. Recordemos que «la humanidad sin la mujer está sola. Una cultura sin la mujer está sola. Donde no está la mujer, hay soledad, soledad árida que genera tristeza, y toda clase de daño a la humanidad. Donde no está la mujer, hay soledad»[15].

Hay situaciones que nos llevan a preguntarnos si la identidad antropológica de la mujer no está ante un doble peligro: por un lado, busca ser negada para no cumplir la efectiva promoción de su rol en la sociedad, que más que la letra de decenas de acuerdos internacionales debe ser para todos nosotros un imperativo moral. Por otro lado, la identidad de la mujer corre el riesgo de ser instrumentalizada como argumento de contiendas políticas y de ideologías, concebidas muchas veces desde los centros de pensamiento, que ignoran la belleza con la que ha sido creada y que, en un aparente progresismo, buscan borrar toda su diferencia con los hombres.

El hombre y la mujer «no son iguales, no son uno superior al otro: no. Solo que el hombre no trae armonía: es ella. Es ella la que trae esa armonía que nos enseña a acariciar,

---

[15] Francisco, Discurso a las participantes en la Asamblea general de la Unión Mundial de las Organizaciones Femeninas Católicas – UMOFC, 13 de mayo de 2023.

a amar con ternura y que hace del mundo una cosa bella»[16]. Tenemos necesidad de esa armonía para luchar contra la injusticia, la codicia ciega que perjudica a las personas y al medioambiente, la guerra injusta e inaceptable. El trabajar juntos del hombre y la mujer produce resultados inmediatos: en los lugares de mayor igualdad de acceso a elementos como educación y empleo se notan «las ventajas asociadas a su mayor presencia y reconocimiento en las esferas de la economía, de la política y de la propia sociedad»[17].

Las mujeres ya son un actor central en los espacios de poder a los que han podido acceder. Estoy convencido de la infinita contribución que harían a un mundo mejor si pudieran disfrutar de la plena igualdad de oportunidades.

Incluso antes de la pandemia, que nos dio ejemplos concretos del valor de los liderazgos femeninos (pienso en algunas jefas de Estado, en roles de salud, en responsables de prisiones), estaba claro que las mujeres hacen el mundo más bello, lo protegen y lo mantienen vivo.

Pensemos en los conflictos internacionales en curso, que siembran miedo y terror en los cinco continentes. En muy pocos de ellos hay mujeres involucradas en alimentar las discordias en medio de la gran familia humana. La paz nace y se reaviva con la ternura de las madres. Así, el sueño de un mundo con menos conflictos se puede hacer realidad cuando miramos a las mujeres.

Esto no quiere decir que los hombres deban «mirar para otro lado» frente a acciones domésticas, políticas o sociales

---

[16] Francisco, Homilía en la capilla de la Casa Santa Marta, 9 de febrero de 2017.

[17] Francisco, «Prefacio», en Anna Maria Tarantola (ed.), *Más liderazgo femenino para un mundo mejor: El cuidado como motor de nuestra casa común*, Vita e Pensiero, Milano 2023.

más asociadas a ciertos estereotipos de comportamientos. Pienso, por ejemplo, en los cuidados intrafamiliares. También los hombres están llamados a dedicarse a la crianza de los hijos y al cuidado de las personas incapaces de valerse por sí mismas en el seno familiar, en una armonía con las mujeres que permita que sean los dos quienes se dedican a su crecimiento y educación.

Iglesia, Santa Sede y mujer

La Iglesia también puede beneficiarse de la valorización de la mujer, como dije en el cierre del Sínodo de los obispos de la región de la Panamazonía: «Todavía no hemos caído en la cuenta de lo que significa la mujer en la Iglesia y por ahí nos quedamos solamente en la parte funcional […]. Pero el papel de la mujer en la Iglesia va mucho más allá de la funcionalidad. Y eso es lo que hay que seguir trabajando. Mucho más allá»[18].

Como sucede en toda la sociedad, sabemos que aún hoy persisten en el seno de la Iglesia «actitudes machistas y dictatoriales» de aquellos ministros que «se exceden en su servicio y maltratan el pueblo de Dios»[19]. Estamos, sin embargo, haciendo todo lo posible para revertir y erradicar esas actitudes y prácticas.

Para nosotros este compromiso no es nuevo. Desde el principio, Jesús acogió a mujeres como discípulas, lo cual era

---

[18] FRANCISCO, Discurso en la clausura de los trabajos de la Asamblea especial del Sínodo de los obispos para la región panamazónica sobre el tema «Nuevos caminos para la Iglesia y para una ecología integral», 26 de octubre de 2019.

[19] FRANCISCO, Discurso al Sínodo de los obispos, 25 de octubre de 2023.

novedoso en la sociedad de aquel tiempo. Recordemos que María, su madre, tuvo un lugar preponderante entre los apóstoles y en la comunidad primitiva, como lo atestiguan los evangelios. A otra mujer, María Magdalena, el hijo de Dios le confió la misión de anunciar su resurrección a sus hermanos.

Durante varios siglos, mujeres de la talla de Teresa de Ávila, Catalina de Siena o Teresa de Lisieux han aportado también un verdadero dinamismo espiritual al catolicismo y fueron reconocidas como «doctoras de la Iglesia».

También es parte de nuestra doctrina que «el genio femenino es necesario en todas las expresiones de la vida social; por ello, se ha de garantizar la presencia de las mujeres también en el ámbito laboral» (DSI 295).

La dignidad y la igualdad en la diversidad para la mujer son un reclamo histórico de la Iglesia y del pueblo de Dios. Es incompatible ser cristiano y no respetar a las mujeres[20].

No soy el primero, pero sí me gustaría ser el último papa en tener que reclamar una vez más que no se puede conseguir un mundo mejor, más justo, más inclusivo y plenamente sostenible sin la contribución de las mujeres.

Esa es nuestra convicción, con la que renovamos la invitación a desmasculinizar la Iglesia.

La Iglesia es mujer. Por eso hemos incorporado también el tema de la dimensión femenina de la Iglesia desde un punto de vista teológico en las reuniones con el consejo asesor de cardenales conocido como C9 y que me asiste en la reforma de la Iglesia. Sabemos, sí, que el tiempo es superior al espacio y que será un proceso largo, pero eso no nos hace perder de vista que es importante abrir el trabajo en la Curia a las mujeres.

---

[20] Dicasterio para la Doctrina de la Fe, Declaración *Dignitas infinita* sobre la dignidad humana, 8 de abril de 2024.

En estos casi doce años como papa he tratado de promover el ingreso de mujeres a la Curia romana y al Vaticano. Pero eso no es un techo, sino que debemos tomarlo como un piso a partir del que seguir promoviendo su incorporación. Incluir a la mujer no es una moda feminista o un maquillaje sugerido por relacionistas públicos. Es un acto de justicia que, culturalmente, estaba dejado de lado.

Siento un compromiso conmigo y con la sociedad de continuar el camino de san Pablo VI, el primer papa en nombrar a una mujer en un alto cargo de la Curia, la australiana Rosemarie Goldie, en 1967. Ya hemos preparado el andamiaje jurídico para que sea una mujer la que en un futuro más cercano que tardío pueda ocupar la jefatura de un organismo de la Curia: con la constitución apostólica *Praedicate Evangelium* de 2022 se admitió que en el futuro también los laicos, y por tanto también las mujeres, puedan dirigir un dicasterio, un cargo que antes estaba reservado a cardenales y arzobispos. A partir de 2023, en esa línea, las mujeres que participan de los Sínodos de obispos tienen derecho a voto además de voz en la Asamblea.

La dignidad de las mujeres está fuera de discusión. Por eso desde la Iglesia no solo reclamamos acciones concretas de parte del sector público y privado, sino que estamos tratando de dar pasos que compensen los años de inacción. Queremos multiplicar la esperanza. Peregrinemos juntos por una mayor igualdad para la mujer.

No a la violencia contra la mujer

Toda referencia a la dignidad de la mujer debe incluir un pedido firme, decidido y global para frenar la violencia en su contra. No puede haber eufemismos a la hora de denunciar que la violencia contra ellas es una herida abierta fruto de una cultura de opresión patriarcal y machista. Debemos encontrar la cura para erradicar este flagelo y no dejarlas solas.

La violencia contra las mujeres es una mala hierba venenosa que aflige nuestra sociedad y que debe ser eliminada desde sus múltiples raíces culturales y mentales, que crecen en el terreno del perjuicio, de la posesión, de la injusticia[21].

La agresión y el asesinato de mujeres es la cara más salvaje de una concepción que considera que se las puede suprimir, cosificar y despojar de toda dignidad.

La única forma de revertir esta situación es con un verdadero involucramiento de toda la sociedad. Pienso en las familias, el punto cero de la educación, en las que se debe inculcar desde los primeros años de vida el respeto irrestricto a la dignidad de la mujer.

Pienso también en los medios de comunicación y su rol para filtrar mensajes de violencia. Tanto desde la simbólica, como la imposición de supuestos ideales de belleza en muchos casos autodestructivos, hasta la concreta, con la multiplicación de mensajes de odio y acoso por el mero hecho de ser mujer.

Una atención especial se posa sobre las redes sociales y espacios digitales de intercambio, en los que, muchas veces desde el anonimato, se difunden mensajes de tono agresivo hacia la dignidad de las mujeres como medio de desacreditación en el debate público. Sé que en muchos tribunales ya se toman medidas ejemplares contra quienes hacen hostigamiento sistemático por cuestiones de género

---

[21] Cf. FRANCISCO, Mensaje para la campaña nacional contra la violencia hacia las mujeres organizada por RAI Radio1 Gr1 y Cadmi D.I.Re, 27 de octubre de 2023.

en redes sociales, que afectan el desarrollo profesional, la salud mental y la libertad de expresión. Es mucho más grave cuando estos delitos se hacen al amparo de sectores de poder que quieren disciplinar las voces críticas.

Pienso también en la obligación de los hombres de «redescubrir formas de relaciones justas y equilibradas, basadas en el respeto y en el reconocimiento recíprocos» (*ibid.*). El amor es belleza, nunca puede ser violencia.

La solución debe ser, sí o sí, integral, porque integrales son los factores que dan lugar a esta situación. Vemos con preocupación cómo muchas veces las mujeres no solo se encuentran solas ante determinadas situaciones de violencia, sino que luego, cuando se denuncia el caso, no obtienen justicia o los plazos de esta son demasiado largos. No son pocos los casos en los que sus denuncias no son tomadas en serio por las fuerzas del orden o, peor aún, se busca invertir la carga de la prueba queriendo justificar situaciones de abuso o violencia con actitudes, palabras o hasta la forma de vestir de las víctimas. Esa actitud, hombres del mundo, es muy poco valiente.

En muchas partes las mujeres todavía son tratadas como material de descarte, víctimas de todo tipo de violencia. Hay países en donde tienen prohibido acceder a ayudas para armar un negocio o ir a la escuela. Incluso, en esos lugares, soportan leyes que las obligan a vestir de una determinada manera o que aún permiten las mutilaciones genitales[22].

Al visitar la Amazonía peruana, planteé que «no podemos "naturalizar" la violencia, tomarla como algo natural. No, no se naturaliza la violencia hacia las mujeres, sosteniendo una

---

[22] Cf. FRANCISCO, Videomensaje con las intenciones de oración de abril de 2024.

cultura machista que no asume el rol protagónico de la mujer dentro de nuestras comunidades. No nos es lícito mirar para otro lado, hermanos y dejar que tantas mujeres, especialmente adolescentes sean "pisoteadas" en su dignidad»[23].

También es necesario, y esto se hace cada vez más urgente en medio de la tercera guerra mundial en pedazos a la que nos enfrentamos, que condenemos firmemente la violencia sexual utilizada como arma de guerra. El problema es que, si aun en países del denominado «primer mundo» con altos índices de desarrollo económico se registran las peores cifras de violencia y asesinatos de mujeres, ¿cómo podemos pretender que no se usa la locura de la guerra como excusa para seguir menospreciando su dignidad?

Hermanos y hermanas, toda construcción de paz, toda referencia a la esperanza de la humanidad, tiene que tener como pilar ya no solo la dignidad, sino también la protección integral de las mujeres. Son ellas, recordemos, las que esperarán en sus vientres a aquellos que nos continuarán.

---

[23] FRANCISCO, Encuentro con la población de Puerto Maldonado, Perú, 19 de enero de 2018.

2

EL ROSTRO DE UN POBRE

La esperanza es de los pobres. No es una virtud para personas con la panza llena. No tiene espacio en la vida de aquellos que se apelmazan por el bienestar material o que solo experimentan emoción al vivir «experiencias» que resaltan el espíritu hedonista e individualista que caracteriza a buena parte del mundo de hoy.

Los pobres son los primeros portadores de la esperanza[1]. Y eso los hace, también, los protagonistas de la historia. Ellos no se contaminan con una de las mayores desgracias que puede ocurrir en la vida, el tenerlo todo.

El que está quieto como agua de estanque no tiene esperanza. Son los pobres quienes, como hizo Abrahán «contra toda esperanza», esperan enriquecidos por la que es una de las dichas más grandes del mundo: las ganas de cambio. Nuestros pobres, con tan poco recurso material al que aferrarse, son los protagonistas de, quizás, los momentos de gozo «más bellos y espontáneos que he visto en mis años de vida» (EG 7).

La pobreza se nos presenta a diario, desafiante, «con sus muchas caras marcadas por el dolor, la marginación, la

---

[1] Cf. Francisco, Audiencia general 27 de septiembre de 2017.

opresión, la violencia, la tortura y el encarcelamiento, la guerra, la privación de la libertad y de la dignidad, por la ignorancia y el analfabetismo, por la emergencia sanitaria y la falta de trabajo, el tráfico de personas y la esclavitud, el exilio y la miseria, y por la migración forzada»[2]. Decimos por eso que la esperanza está en esa pobreza que tiene a su vez el rostro de «mujeres, hombres y niños explotados por viles intereses, pisoteados por la lógica perversa del poder y el dinero»[3].

Ya las bienaventuranzas nos marcan el camino cuando se abren con la expresión: «Bienaventurados los pobres» (Lucas 6,20). Hoy y siempre, «los pobres son los destinatarios privilegiados del Evangelio» (EG 48).

Los pobres son nuestro pueblo, los portadores de la confianza en el Señor. Esta certeza de no ser abandonados es la que invita a la esperanza. El pobre sabe que él no va a dejarlo, y por eso vive siempre en la presencia de ese Dios que lo recuerda.

Con estas palabras no quiero ser «pobrista», un calificativo con el que suelen adornarme quienes jamás han dado la mano a una persona necesitada. No. Un papa ama siempre a todos, ricos y pobres, pero tiene la obligación, en nombre de Cristo, de recordar que los más favorecidos deben ayudar a los más humildes, así como respetarlos y promocionarlos (EG 58). La obligación es doble, por no decir ontológica, si ese rico se dice cristiano.

Es por eso que ya desde mi primer contacto como pontífice con los periodistas de todo el mundo quise dejarles

---

[2] Francisco, Mensaje para la Jornada Mundial de los Pobres, 2018.
[3] *Ibid.*

en claro «¡cómo quisiera una Iglesia pobre y para los pobres!»[4].

Esto no es un capricho mío. Es en el Evangelio en donde mayores ejemplos encontramos de la centralidad que debemos a los pobres en nuestra Iglesia y de cómo es en ellos que podemos encontrar la verdadera esperanza cristiana.

Cuando san Pablo se acercó a los apóstoles de Jerusalén para discernir «si corría o había corrido en vano» (Gálatas 2,2), el criterio clave de autenticidad que le indicaron fue que no se olvidara de los pobres (cf. Gálatas 2,10). Esa misma frase me susurró al oído el recordado hermano Claudio Hummes apenas fui elegido papa y fue clave para que tomara el nombre de Francisco.

Ya en la exhortación *Evangelii gaudium* recordé que «este gran criterio para que las comunidades paulinas no se dejaran devorar por el estilo de vida individualista de los paganos, tiene una gran actualidad en el contexto presente, donde tiende a desarrollarse un nuevo paganismo individualista» (EG 195). Mientras los pobres son la esperanza de Dios, ¿quién –sino unos pocos– tiene en cambio esperanza en el «dios mercado», en el «dios dinero» y en las otras falsas ilusiones que nos proyecta un sistema cada vez más injusto y letal?

En el Evangelio, los pobres y vulnerables no son objetos. Son sujetos, protagonistas junto con Jesús del anuncio del Reino de Dios. Al decir de mi amado antecesor san Pablo VI, todos estos pobres pertenecen a la Iglesia por «derecho evangélico»[5]. Fue Dios mismo quien «se hizo

---

[4] Francisco, Encuentro con los representantes de los medios de comunicación, 16 de marzo de 2013.

[5] Pablo VI, Discurso en la apertura de la segunda sesión del Concilio Ecuménico Vaticano II, 29 de septiembre de 1963.

pobre» (2 Corintios 8,9) y de ahí deriva nuestra opción preferencial. Por eso debemos tenderles la mano no solo para ayudarlos a levantarse, sino también para caminar siempre juntos, en medio de ellos (cf. Eclesiástico 7,32).

Nunca es en vano recordar que «para la Iglesia la opción por los pobres es una categoría teológica antes que cultural, sociológica, política o filosófica» (EG 198).

Vemos cómo el mundo no solo crea cada vez más pobres, sino que se multiplican los discursos de odio hacia ellos, que dan luego lugar a ataques físicos e invisibilización y, en los casos más extremos, son incluso abandonados a su suerte hasta la muerte. Tal es así que hay un neologismo, «aporofobia», para encasillar estas actitudes de odio hacia ellos. Nunca nos cansaremos de decir que son la primera opción para la Iglesia, pero muchas veces parecen ser la última prioridad para la política. Además, tienen mucho para enseñarnos ya que «en una cultura que ha puesto la riqueza en primer lugar y que con frecuencia sacrifica la dignidad de las personas sobre el altar de los bienes materiales, ellos reman contracorriente, poniendo de manifiesto que lo esencial en la vida es otra cosa»[6].

En varias regiones se está imponiendo la idea de que los pobres no solo son responsables de su condición, sino que –según estas visiones– constituyen una carga intolerable para un sistema económico que pone en el centro los intereses de algunas categorías privilegiadas. Se habla como si muchos de los que hoy gozan de una posición acomodada no hubieran alcanzado esos lugares gracias a haber ido a las escuelas y universidades públicas o al desarrollo

---

[6] Francisco, Mensaje para la VIII Jornada Mundial de los Pobres, 2024.

de determinados saberes científicos con fondos estatales o por sistemas de promoción impositiva y fiscal determinados. Pero nadie acusa a los más pudientes de ser una carga para el Estado.

Es necesario que la política retome su esperable rol de guía y control de las fuerzas del mercado con lineamientos éticos que eviten condiciones inhumanas que se abatan sobre las personas que ya viven en situaciones precarias.

Sabemos que hay actores económicos y financieros sin escrúpulos, carentes de sentido humanitario y de responsabilidad social. No les hagamos el juego mirando para otro lado: un estilo de vida individualista es cómplice de la generación de pobreza y, a menudo, descarga sobre los pobres toda la responsabilidad de su condición. No debemos aceptar pasivamente lo que ocurre a nuestro alrededor, ya que esa actitud permite que crezcan las desigualdades sociales y las injusticias. Ser peregrinos de esperanza es tenderle la mano al pobre, mirarlo a la cara y acogerlo.

Una vez más, «imploro, de manera apremiante, esperanza para los millares de pobres, que carecen con frecuencia de lo necesario para vivir. Frente a la sucesión de oleadas de pobreza siempre nuevas, existe el riesgo de acostumbrarse y resignarse. Pero no podemos apartar la mirada de situaciones tan dramáticas, que hoy se constatan en todas partes y no solo en determinadas zonas del mundo» (SNC 15).

Es insostenible mantener en pie una fachada democrática cuando sus pilares se corroen día a día con el grito desesperado de millones de hermanos y hermanas que no tienen lo básico para un desarrollo humano integral digno. Excluir a los que menos tienen, haciéndolos además culpables de su pobreza, pone en crisis el concepto mismo de democracia y toda política social se vuelve un fracaso.

Los pobres tienen una esperanza que «nunca se frustrará» (Salmo 9,19). Sin embargo, son atacados y culpabilizados y ya no pueden ni vivir en paz su pobreza. Vemos cómo en muchos países se juzgan los consumos de los que menos tienen con una vara milimétrica mientras la política y las instituciones hacen la vista gorda con los comportamientos de los más pudientes. Esto pasa incluso desde muchos sectores que se dicen progresistas o deberían tener una mirada más humana. A los pobres ya no se les permite «ser tímidos o desanimarse; son vistos como una amenaza o gente incapaz, solo porque son pobres»[7].

Son ante todo nuestros hermanos y hermanas. Y son tan capaces como el resto de las personas. Ellos pueden hacer su propio camino si les tendemos una mano amiga o si las personas con responsabilidades consideran finalmente hacer también de ellos una opción preferencial. Son la piedra angular sobre la que construir nuevas sociedades basadas en la fraternidad y la amistad social. No se trata de ver a los pobres solo como destinatarios de un voluntariado, una colecta anual o acciones individuales que muchas veces buscan ser más que nada un confort para la conciencia de quien la hace. Ayudar al otro no es regalar lo que sobra.

Ellos obtienen una esperanza verdadera no cuando nos ven complacidos por haberles dado un poco de nuestro tiempo, sino cuando reconocen en nuestro sacrificio un acto de amor gratuito que no busca recompensa.

La gran mayoría son víctimas de las políticas financieras y económicas. Hay demasiado dinero concentrado en las manos de muy pocos y tanta pobreza sobre las espaldas

---

[7] FRANCISCO, Mensaje para la III Jornada Mundial de los Pobres, 2019.

del resto. Cada vez, y de forma más obscena, los pobres son muchos más que los ricos. En los últimos años, en un fenómeno agravado en muchos países por la crisis que trajo la pandemia de coronavirus, hemos visto crecer de forma exponencial el número de personas con dificultad para llegar a fin de mes. Los pobres son la cara de la esperanza, pero la pobreza asume cada vez más rostros.

Uno de los grandes cambios de esta época es que ya no basta ser uno de los cada vez menos asalariados formales que va a su trabajo ocho o nueve horas al día para tener un ingreso mínimo digno. Hoy la pobreza alcanza a cada vez más personas de lo que antes conocíamos como «clase media». Así, quiero aprovechar estas páginas para pedir perdón a todas las personas que se sienten parte de la clase media a nivel mundial y consideran que no me refiero a su situación con la frecuencia con la que debería. En especial, pienso en quienes tienen que sacrificarse más para llegar a fin de mes, quienes tienen que pagar alquileres altísimos mientras ven subir el precio de los alimentos y de los servicios públicos, los que no pueden ahorrar, aquellos que tal vez dejan a sus hijos una situación peor que la que recibieron. No me he olvidado de ustedes, les estoy cercano y sus preocupaciones son las mías. Muchos estudios muestran que la clase media se ha achicado en este marco en el que la polarización entre los ricos y pobres es grande. Tal vez, eso me ha llevado a no tener en cuenta algunos de sus problemas. Me escuchan con mayor frecuencia pedir por los hermanos pobres porque su situación es cada vez más grave y ellos son cada vez más numerosos, pero quiero asegurarles que para mí las personas trabajadoras que siguen siendo el sostén de muchos países tienen gran valor y que no me olvido de ustedes. Sus rostros sufrientes también son la esperanza.

Los profundos cambios en la economía mundial, sumados a la avidez cada vez mayor de una parte del sector financiero, han transformado de raíz las estructuras de contención con las que muchos creían tener algún tipo de amortiguación ante una crisis. Se ha visto en muchos comedores de Cáritas y de otras instituciones de la Iglesia por el mundo.

Siempre que muchos pierden es porque hay pocos que ganan. La crisis económica no ha impedido a muchos grupos de personas un enriquecimiento que hace mucho más ruido si vemos en las calles de nuestras ciudades el ingente número de pobres que carecen de lo necesario.

Una de estas nuevas realidades que se derivan de un sistema con una economía que mata es la denominada «gentrificación», que ha agudizado la ya estresante problemática habitacional en muchas ciudades del mundo.

Las políticas habitacionales urbanas que permitían dar vivienda a miles de trabajadores y vecinos de las grandes ciudades han dado paso a una voraz carrera de las fuerzas del mercado por transformar en espacios de lujo para pocos lo que antes eran verdaderas comunidades para todos. Cada vez más zonas de las principales ciudades se vuelven «polos de moda» en los que se reducen los lugares para quienes los habitaban históricamente. Los habitantes originales terminan siendo desplazados de modo que el lugar cambia por completo[8].

Vivimos en ciudades que construyen torres, centros comerciales, hacen negocios inmobiliarios… pero abandonan a una parte de sí en las márgenes y las periferias[9]. Es doloroso

---

[8] Cf. Leslie KERN, *La gentrificación es inevitable y otras mentiras*, Ediciones Godot, Buenos Aires 2022.

[9] Cf. FRANCISCO, Discurso a los movimientos populares, 28 de octubre de 2014.

ver cuando la supuesta «mano invisible» del mercado termina siendo el brazo ejecutor de sectores cada vez más concentrados que buscan convertir el derecho a un techo digno en una variable más de la especulación.

En su cara más cruda, las topadoras derribando casas precarias o que no se ajustan a los nuevos parámetros de las modas urbanísticas nos hacen pensar que estamos viviendo una de las etapas más crueles de la Tercera Guerra Mundial a pedazos de esta época: la guerra contra los pobres. Pero también lo vemos en otras formas más sutiles con las que se avanza en los desplazamientos forzosos de familias que han vivido por años en los barrios en los que crecieron, como la suba de alquileres sin control estatal, que en nombre de una supuesta libertad de mercado deja desamparadas a millones de personas.

Los desplazamientos forzosos de los pobres y trabajadores hacia las periferias no solo tienen impacto directo en tanto que se los obliga a vivir a una mayor distancia a sus lugares de empleo, sino que se producen pérdidas de los valores de comunidad y de entornos amigables para los niños, familias y ancianos.

Nos depara un horizonte de ciudades que ofrecen innumerables placeres y bienestar para una minoría feliz, mientras se «barre debajo de la alfombra» a los habitantes históricos que no puedan acompañar los exponenciales aumentos en el costo de vivienda. Así, se pierden valores ya olvidados en los centros enriquecidos, como el compartir en el espacio público y la proliferación de lugares que conectan, relacionan y favorecen el reconocimiento del otro.

Este proceso es más doloroso cuando vemos que, en muchas oportunidades, estos *booms* de la construcción que buscan barrer a los pobres de nuestras ciudades no son más que el método más simple que han encontrado ciertas formas de delito trasnacional para poder invertir su dinero y «blanquearlo». Apelemos a la responsabilidad ya no solo moral, sino también legal, de los empresarios que se prestan a estas maniobras en detrimento de la seguridad habitacional de miles de personas a nivel mundial.

Otro tema preocupante por la cantidad de personas a las que empuja a la pobreza es la reaparición, más agresiva y voraz, de un mal antiguo como es la usura.

La reciente pandemia de coronavirus volvió a poner tristemente de moda esta dramática plaga social que ha provocado que muchas familias tengan que resignar el pan de la mesa para pagar a los usureros que se multiplicaron en la época más dura del cierre de lugares de trabajo.

No solo no es cristiano, sino que no es humano que se obligue a un hermano o hermana a resignar consumos de primera necesidad para pagar deudas contraídas muchas veces «a punta de cuchillo» de la desesperación por alimentar a una familia o pagar medicamentos.

La usura, esa forma extrema del salvaje capitalismo, humilla y mata. Es «un mal antiguo y desafortunadamente todavía sumergido que, como una serpiente, estrangula a las víctimas. Es necesario prevenirla, apartando a las personas de la patología de la deuda hecha por subsistencia o para salvar la empresa»[10]. Por ejemplo, algunas voces plantean la necesidad de que los gobiernos adopten medidas para contener las tasas de interés que muchas familias necesitadas y de clase media pagan por el uso de sus tarjetas, a veces el único camino que tienen para llevar alimentos a

---

[10] Francisco, Discurso a los miembros de la Consulta Nacional Antiusura, 3 de febrero de 2018.

la mesa de todos los días. Lo mismo vale para una regulación mayor de las entidades financieras que, muchas veces mediante engaños, fabrican las trampas del endeudamiento astronómico a través de la especulación con las necesidades urgentes de muchas personas.

Movilizar a la política para que cambie la economía

En este marco social de multiplicación de la pobreza, ser peregrinos de esperanza nos tiene que convocar a lograr que la política tome las riendas de la economía y nos organicemos junto a los pobres para salir todos juntos de esta situación.

A la política le digo: «No apartes tu rostro del pobre» (Tobías 4,7). Defender a los pobres no es ser comunista, es el centro del Evangelio, hasta tal punto que nosotros seremos juzgados por ello. Y «cada uno de ellos es nuestro prójimo. No importa el color de la piel, la condición social, la procedencia»[11].

Renuevo así mi pedido de «un serio y eficaz compromiso político y legislativo» que ayude a «estimular y hacer presión para que las instituciones públicas cumplan bien su deber; pero no sirve permanecer pasivos en espera de recibir todo "desde lo alto"; quienes viven en condiciones de pobreza también han de ser implicados y acompañados en un proceso de cambio y de responsabilidad»[12].

Me viene a la mente la figura del sacerdote don Lorenzo Milani, cuando hace decir al protagonista de *Carta a una profesora*: «He aprendido que el problema de los demás es

---

[11] Francisco, Mensaje para la VII Jornada Mundial de los Pobres, 2023.
[12] *Ibid.*

el mismo que el mío. Salir de él todos juntos es política. Salir de él solo es avaricia».

El cambio no va a suceder si nos limitamos a trabajar para o con los pobres. Si queremos ser peregrinos de esperanza, estamos obligados en el plano social a abrir nuevos caminos para que ellos mismos se conviertan en los protagonistas del cambio. Por eso quiero invitarlos a organizarnos con el objetivo claro de combatir la miseria «ante todo creando trabajo, trabajo digno»[13].

Los pobres son mucho más que las estadísticas y las planillas de computadora en las que a veces se planifican a distancia las políticas oficiales: son personas que tienen nombre y apellido, historias, corazones y dignidad. Su grito es también un grito de esperanza con el que manifiestan la certeza de que serán liberados. Es la esperanza fundada en el amor de Dios, que no abandona a quien confía en él (cf. Romanos 8,31-39).

Necesitamos un cambio profundo y de raíz. Es cierto que ver los frutos de una transformación de tal magnitud puede tomar años o décadas. Pero creo que hay algunas líneas de acción que podrían dar resultados inmediatos a la vez que ponen los cimientos para ayudar a millones de personas a salir de las condiciones de pobreza a las que las ha empujado este sistema.

Frente a más inequidad social, mayor equidad tributaria

Desde 2020, la riqueza sumada de los cinco hombres más ricos del mundo se ha duplicado. Nunca tan pocos tuvieron

---

[13] FRANCISCO, Mensaje para la VI Jornada Mundial de los Pobres, 2022.

tanto. Y nunca estuvo tan a su alcance salvar las vidas de muchos: según diversos estudios, con el patrimonio de las 50 personas más ricas del planeta se podría financiar la atención médica y la educación de cada niño pobre en el mundo, ya sea a través de impuestos, iniciativas filantrópicas o ambas cosas.

Fue san Juan Pablo II quien denunció que «una de las mayores injusticias del mundo contemporáneo consiste precisamente en esto: en que son relativamente pocos los que poseen mucho, y muchos los que no poseen casi nada. Es la injusticia de la mala distribución de los bienes y servicios destinados originariamente a todos» (SRS 28).

También mi más inmediato predecesor, Benedicto XVI, reconoció que «la riqueza mundial crece en términos absolutos, pero aumentan también las desigualdades. En los países ricos, nuevas categorías sociales se empobrecen y nacen nuevas pobrezas. En las zonas más pobres, algunos grupos gozan de un tipo de superdesarrollo derrochador y consumista, que contrasta de modo inaceptable con situaciones persistentes de miseria deshumanizadora. Se sigue produciendo el escándalo de las disparidades hirientes» (*Caritas in veritate* 22).

La pandemia de coronavirus provocó que se agudizaran las diferencias entre la extrema riqueza y la extrema pobreza. Entre 2020 y 2021, el 1 % más rico de la población acaparó el 63 % del incremento total de la riqueza neta mundial, casi el doble de la parte (37 %) que fue a parar al 99 % restante de la población más pobre[14].

En ese marco, vemos con preocupación cómo «las estructuras de pecado hoy incluyen repetidos recortes de impuestos para las personas más ricas, justificados muchas

---

[14] Informe «Desigualdad S.A.», Oxfam 2024.

veces en nombre de la inversión y desarrollo; paraísos fiscales para las ganancias privadas y corporativas; y, por supuesto, la posibilidad de corrupción por parte de algunas de las empresas más grandes del mundo, no pocas veces en sintonía con algún sector político gobernante»[15].

Así, «cada año cientos de miles de millones de dólares, que deberían pagarse en impuestos para financiar la atención médica y la educación, se acumulan en cuentas de paraísos fiscales impidiendo la posibilidad del desarrollo digno y sostenido de todos los actores sociales»[16].

La tributación a los nuevos superricos es uno de los caminos más progresivos, justos y necesarios que podemos tomar para revertir una desigualdad en aumento que corre el riesgo de hacerse irreversible. Si se hace bien, la recaudación de impuestos «es señal de legalidad y justicia»[17].

Por eso reitero el llamado de que una apropiada política de impuestos «debe favorecer la redistribución de riquezas, defendiendo la dignidad de los más pobres que siempre están en peligro de ser aplastados por los poderosos»[18].

El pacto fiscal es el corazón del pacto social. Es el mandato de que los que más tienen deben ser quienes más aporten al bienestar común del conjunto. Los impuestos son también una forma de compartir la riqueza para que se convierta en bienes comunes o públicos como escuela, salud, derechos, cuidados, ciencia, cultura, patrimonio.

---

[15] FRANCISCO, Discurso con ocasión de la conferencia «Nuevas formas de solidaridad», organizada por la Pontificia Academia de las Ciencias Sociales, 5 de febrero de 2020.

[16] *Ibid.*

[17] FRANCISCO, Discurso a una delegación de la Agencia Tributaria italiana, 31 de enero de 2022.

[18] *Ibid.*

De cara al Jubileo, hay otras alternativas de negociación global, como la condonación de las deudas externas a los países más pobres, que también deben ser estudiadas para su aplicación. Ningún gobierno «puede exigir moralmente a su pueblo que sufra privaciones incompatibles con la dignidad humana»[19]. Es a la vez magnanimidad y justicia, a la luz de nuevas desigualdades que tienen a las naciones menos favorecidas como principales víctimas, en especial en el ámbito climático. Recuerdo lo dicho desde el corazón de Europa: «La riqueza –no lo olvidemos– es una responsabilidad. Por ello, pido una vigilancia constante para no descuidar a las naciones más desfavorecidas, al contrario, que se les ayude a salir de sus condiciones de empobrecimiento»[20]. El desarrollo de una nueva arquitectura financiera a nivel mundial debe responder a las necesidades del Sur global y de los estados insulares gravemente afectados por los desastres climáticos, en el reconocimiento de una especie de «deuda ecológica» en la que las naciones menos desarrolladas son acreedoras.

También se han escuchado voces favorables a las iniciativas que en muchos países buscan hacer más eficientes los gravámenes sobre las herencias, que en algunos casos representan montos irrisorios sobre quienes más han acumulado.

A la hora de producir alternativas para la erradicación de la pobreza, no podemos obviar la necesidad de que se genere empleo, especialmente para los jóvenes. Necesitamos trabajos de calidad, que vuelvan a poner en las manos de

---

[19] FRANCISCO, Discurso a los participantes en el encuentro «Abordando la crisis de deuda en el Sur Global», patrocinado por la Pontificia Academia de las Ciencias, 5 de junio de 2024.

[20] FRANCISCO, Encuentro con las autoridades, la sociedad civil y el cuerpo diplomático, «Cercle Cité», Luxemburgo, 26 de septiembre de 2024.

cada ser humano la dignidad de ganarse su propio pan para sobrevivir. Los denominados «planes sociales», tan útiles como paliativos en épocas de crisis aguda, no pueden mantenerse por siempre.

Por eso animo a los empresarios, entre los que hay tantísimos ejemplos de buenos cristianos y de seres humanos comprometidos de verdad con el bienestar general, a invertir en el bien común. Si queremos salir de esta crisis, necesitamos la ayuda de los hombres de negocios y evitar que caigan en los cantos de sirena de la denominada timba financiera o que escondan la plata en los paraísos fiscales.

Hace falta una vuelta a la economía de lo concreto, la que ante la fugacidad del mundo de las finanzas contrapone la producción, el trabajo y el empleo para todos.

No hay economía virtuosa sin buenos empresarios, sin su capacidad para crear trabajo, productos y riquezas. Pienso siempre en el siervo de Dios Enrique Shaw como un faro a seguir en las buenas prácticas para los hombres y mujeres de negocios de todo el mundo. No hay buena economía sin el verdadero hombre de negocios que conoce a sus trabajadores porque trabaja con a ellos. Incluso, en ocasiones, la llegada de trabajadores a cargos dirigenciales repercute luego en esta mirada que aporta dignidad al ecosistema del trabajo. Y ese ambiente siempre estará en una mejor armonía si se comparten tanto el cansancio como las alegrías, tanto la solución de los problemas como las ganancias. También les pido «que no se contenten con un poco de filantropía, es demasiado poco: el reto es incluir a los pobres en las empresas, hacer que se conviertan en recursos para el beneficio común»[21].

---

[21] FRANCISCO, Discurso a un grupo de directores ejecutivos de grandes empresas y bancos, 15 de junio de 2024.

Por eso creo que la creación de puestos de trabajo siempre repercute de forma favorable en la sociedad. Todos notamos la diferencia entre los especuladores que quitan el rostro a la economía y el empresario que sabe que en la cara de todo trabajador está también la esperanza.

Peregrinos de esperanza: la hora de actuar

No tenemos tiempo que perder para poder poner en marcha alguno de estos cambios que nos ayuden no solo a devolver la dignidad a nuestros hermanos y hermanas descartados, sino a alimentar su firme esperanza en una posibilidad de cambio.

En lo que va de este siglo XXI que ha visto considerables adelantos en el campo de la técnica, la ciencia, las comunicaciones y las infraestructuras, no hemos conseguido los mismos avances en humanidad y solidaridad para satisfacer las necesidades primarias de los más desfavorecidos. No solo no hemos frenado las desigualdades entre quienes más y menos tienen, sino que se han acentuado. Deberíamos, y los cristianos especialmente, ponernos rojos de vergüenza ante esta realidad.

Los pobres no pueden esperar. Por eso muchos de ellos han decidido organizarse para empezar a actuar sin esperar de brazos cruzados la ayuda de las ONG, planes asistenciales o soluciones que nunca llegan. Es el caso, por ejemplo, de los movimientos populares. Los aliento desde siempre a que continúen con el camino que han iniciado.

Sacar de forma urgente a las personas de la pobreza no es solo un deber cristiano o humano. Mientras sus problemas no se resuelvan de forma radical, «... renunciando a la autonomía absoluta de los mercados y de la especulación financiera y atacando las causas estructurales de la inequidad, no se resolverán los problemas del mundo y en definitiva ningún problema. La inequidad es raíz de los males sociales» (EG 202). En sus rostros está la esperanza; en su futuro está el nuestro.

Las condiciones de marginación en la que se ven millones de personas no podrán durar mucho tiempo. Su grito aumenta y alcanza a toda la tierra. Como escribió don Primo Mazzolari: «El pobre es una protesta continua contra nuestras injusticias; el pobre es un polvorín. Si le das fuego, el mundo estallará».

Las cárceles, laboratorio de esperanza

La esperanza está también en nuestras cárceles, que lamentablemente están llenas de personas pobres, víctimas en muchos casos de injusticias sistémicas y de un sistema penal que prefiere encarcelar a la mayor cantidad de personas posibles antes que atacar las condiciones en las que crece el delito.

Debemos tratar de resolver los problemas estructurales que provocan que muchas de las cárceles estén abarrotadas de gente pobre mientras quienes delinquen con guante blanco siguen forzando las leyes para cometer delitos relacionados con el lavado de activos y otros crímenes sofisticados. Incluso el crimen de la corrupción queda muchas veces impune. Es fácil castigar a los más débiles mientras los peces grandes nadan libremente en las aguas. Seamos también peregrinos allí, en los centros de reclusión, para que sean laboratorios de esperanza.

En muchas partes se reclama mayor seguridad. Pero hasta que no se reviertan la exclusión y la inequidad dentro de una sociedad y entre los distintos pueblos será imposible erradicar la violencia (EG 59). Si no atacamos esas causas de la pobreza, ¿no estamos siendo de algún modo cómplices de sus consecuencias? Cada día somos testigos de los fracasos de las soluciones individualistas de la falsa seguridad: el que se va a vivir encerrado en un *country*, el que solo transita con su camioneta último modelo de vidrios polarizados y finge no ver lo que hay en su entorno. Si no vamos a la raíz, incluso esos recursos serán inútiles.

Al mismo tiempo, vemos cómo en los medios de comunicación y en cada vez más espacios de discusión política se acusa de violencia a los pobres, pero «sin igualdad de oportunidades, las diversas formas de agresión y de guerra encontrarán un caldo de cultivo que tarde o temprano provocará su explosión» (EG 59).

Asistimos al avance de un cierto «populismo penal» en el que «no se buscan solo chivos expiatorios que paguen con su libertad y con su vida por todos los males sociales, como era típico en las sociedades primitivas, pero además de esto algunas veces existe la tendencia a construir deliberadamente enemigos: figuras estereotipadas, que concentran en sí mismas todas las características que la sociedad percibe o interpreta como peligrosas»[22]. Son los pobres los más perjudicados con estos paradigmas.

Creo que quien haya cometido un delito tiene que cumplir una pena o resarcir a la sociedad por el mal causado. Pero si lo que queremos es de verdad el bien común, debemos trabajar para que nuestras cárceles sean laboratorios de esperanza porque debería ser la obligación de todo sistema imponer penas que tengan un horizonte de reinserción.

---

[22] FRANCISCO, Discurso a una delegación de la Asociación Internacional de Derecho Penal, 23 de octubre de 2014.

Siempre digo a las personas privadas de su libertad que no se desalienten, que no se cierren. Ante cada detenido o detenida lo primero que se me viene a la cabeza es pensar ¿por qué él está allí y no yo?

Por eso quiero expresar una vez más mi cercanía y la de la Iglesia a cada hombre y a cada mujer que está en la cárcel, en cualquier parte del mundo. Jesús dijo: «Estuve en la cárcel y vinieron a verme» (cf. Mateo 25,36).

La forma en que una sociedad se comporta frente a los detenidos dice mucho de ella. Además de las obvias preocupaciones sobre «el tema del respeto de los derechos fundamentales del hombre y la exigencia de correspondientes condiciones de expiación de la pena»[23], la mirada es incompleta si no está acompañada por un compromiso concreto de las instituciones con vistas a una efectiva reinserción en la sociedad[24].

No podemos permitirnos, bien entrado el siglo XXI, que la ejecución de una pena quede reducida a un instrumento de solo castigo o venganza social, a su vez perjudicial para el individuo y para la sociedad.

La experiencia nos dice que el aumento y endurecimiento de las penas con frecuencia no resuelve los problemas sociales ni logra disminuir los índices de delincuencia. Por el contrario, si no se aborda el tema de forma integral pueden aparecer otros problemas sociales como la superpoblación de cárceles, el apelo populista a la construcción desenfrenada de centros de reclusión o la proliferación de

---

[23] Francisco, Visita al centro penitenciario de Castrovillari, Cosenza, 21 de junio de 2014.

[24] Cf. Benedicto XVI, Discurso a los participantes en la 17.ª conferencia de los directores de las Administraciones penitenciarias del Consejo de Europa, 22 de noviembre de 2012.

detenciones a un ritmo mucho mayor al que el sistema puede juzgar, provocando miles de casos de personas detenidas sin condena.

Me gusta pensar que la pena no puede estar cerrada y que debe tener siempre la ventana abierta para la esperanza, sea por parte de la cárcel que de cada persona[25]. Todos tenemos necesidad los unos de los otros y todos tenemos derecho a esperar, más allá de cada historia o de los errores o fallas. La esperanza es un derecho[26].

De lo contrario, convertimos a nuestras cárceles en escuelas del delito en donde quien entra no encuentra ni herramientas ni motivos que lo impulsen a salir para ofrecer a la sociedad el potencial que todo ser humano tiene para ofrecer al conjunto. Corremos el riesgo de estar aprisionados en un sistema de justicia que no permite que uno se vuelva a levantar y que confunde la redención con el castigo. Con una mirada de esperanza, en cambio, toda cárcel «puede convertirse en un lugar de renacimiento, moral y material, en el que la dignidad de las mujeres y de los hombres no sea "aislada", sino promovida a través del respeto mutuo y el cuidado de talentos y habilidades, quizás dejados latentes o aprisionados por los acontecimientos de la vida, pero que pueden resurgir para el bien de todos y que merecen atención y confianza»[27].

---

[25] Francisco, Audiencia al personal del centro penitenciario «Regina Coeli», 07 de febrero de 2019.

[26] Cf. Francisco, Encuentro con agentes de policía penitenciaria, detenidos y voluntarios, Casa Circondariale di Montorio, Verona, 18 de mayo de 2024.

[27] Francisco, Visita a Venecia: Encuentro con las detenidas, cárcel de mujeres de Venecia en la isla de la Giudecca, 28 de abril de 2024.

Un primer paso en la construcción de ese «laboratorio de esperanza» lo vemos en las madres de los detenidos. Cuando estaba en Buenos Aires me encontraba con muchas mamás que hacían la fila para entrar en la cárcel. Ellas no se avergonzaban. El hijo estaba detenido, sí, pero era su hijo. Y sufrían muchas humillaciones en el registro, antes de entrar, pero: «¡Es mi hijo!». «¡Pero, señora, su hijo es un delincuente!». «¡Es mi hijo!». En la mayoría de los casos no pedían la liberación de sus hijos, solo la dignidad del encierro, la posibilidad de una esperanza, la certeza de un reencuentro. Trabajemos para que nunca más se someta a tratos denigrantes a ningún familiar que quiera visitar a una persona detenida.

Tanto en mi diócesis precedente como en Roma he tratado siempre de llevar una palabra de aliento a los detenidos. Incluso durante mis viajes fuera de Italia, especialmente al continente americano, busqué muchas veces incluir una visita a las cárceles para que las personas privadas de su libertad sientan mi cercanía y la de la Iglesia. Para mí, «entrar en una cárcel es siempre un momento importante, porque es un lugar de gran humanidad»[28].

La llamada es para que toda la sociedad trabaje en convertir a los centros de detención en «laboratorios de esperanza». Debemos también estar atentos a algunos peligros, como la proliferación de las cárceles privadas, en las que muchas veces los constructores tienen por contrato una cuota mínima de ocupación acordada con el gobierno, lo que redunda en detenciones cada vez más injustas y prolongadas.

---

[28] FRANCISCO, Encuentro con agentes de policía penitenciaria, detenidos y voluntarios, Casa Circondariale di Montorio, Verona, 18 de mayo de 2024.

Ser peregrinos de esperanza en las cárceles

Para el año jubilar he propuesto a los gobiernos del mundo que se asuman iniciativas que devuelvan la esperanza a las personas privadas de su libertad, como por ejemplo a través de formas de amnistía o de condonación de la pena orientadas a ayudar a los detenidos a recuperar la confianza en sí mismos y en la sociedad.

Es en ese marco que abriré una Puerta Santa en una cárcel, para ofrecer a los presos un signo concreto de cercanía que los ayude a ver al futuro con esperanza y con un renovado compromiso de vida.

Desde la Santa Sede se han impulsado diversos proyectos para poder convertirnos en peregrinos de esperanza que lleven una palabra de aliento y una «ventana abierta» a algunas personas privadas de la libertad. En 2024, por ejemplo, el pabellón vaticano en la Bienal de Arte de Venecia se instaló en una cárcel para mujeres de la ciudad. Tuve la gracia de visitarlo este año y fue conmovedor ver el trabajo de las detenidas, sentir cuánto tienen para aportar al conjunto cuando se les da una oportunidad, cuando hay esperanza.

Con eje en la promoción de las personas privadas de libertad, la Basílica de San Pedro puso en marcha dos iniciativas para el año jubilar. Por un lado, personas privadas de su libertad se ocupan de transformar las barcas con las que los inmigrantes cruzan el Mediterráneo en materia prima para la realización de rosarios que luego se ponen a la venta en la Basílica. Tuve el honor de que me regalaran el primer rosario.

Otro de los proyectos, en tanto, promueve la reinserción de los presos a la sociedad a través de actividades laborales y permite que personas detenidas hagan tareas de mantenimiento ordinario de la Basílica.

Con esto no hemos reinventado la rueda. Hemos solo buscado convertir en un hecho concreto la palabra de Jesús hacia los detenidos. Están en nuestras oraciones; vivimos en su esperanza.

Pena de muerte

Entre las personas privadas de su libertad que más nos preocupan están los condenados a muerte de todo el mundo. Es imposible imaginar que hoy los Estados no puedan disponer de otro medio que no sea la pena capital para defender la vida de otras personas del agresor injusto[29].

La pena de muerte es inadmisible, por más grave que haya sido el delito del condenado. Reitero una vez más que «es una ofensa a la inviolabilidad de la vida y a la dignidad de la persona humana que contradice el designio de Dios sobre el hombre y la sociedad y su justicia misericordiosa, e impide cumplir con cualquier finalidad justa de las penas. No hace justicia a las víctimas, sino que fomenta la venganza»[30]. Nunca está de más recordar que para todo cristiano el mandamiento «no matarás» tiene valor absoluto y abarca tanto a los inocentes como a los culpables.

En una reciente declaración, el Dicasterio para la Doctrina de la Fe aseveró con sabiduría que la pena de muerte «viola la dignidad inalienable de toda persona humana más allá de cualquier circunstancia»[31].

---

[29] Francisco, Discurso a una delegación de la Asociación Internacional de Derecho Penal, 23 de octubre de 2014.

[30] Francisco, Videomensaje al VI Congreso mundial contra la pena de muerte, 21 de junio de 2016.

[31] Cf. Dicasterio para la Doctrina de la Fe, Declaración *Dignitas infinita* sobre la dignidad humana, 8 de abril de 2024.

Queda mucho por trabajar aún. Según algunas estadísticas, en las cárceles del mundo hay más de 8 millones de personas encarceladas, de las cuales más de 30 000 están condenadas a muerte. La certeza de que cada vida es sagrada y que la dignidad humana debe ser custodiada sin excepciones me ha llevado, desde el principio de mi ministerio, a trabajar en diferentes niveles por la abolición universal de la pena de muerte.

Así sucedió con la nueva redacción del n. 2267 del *Catecismo de la Iglesia Católica*, que expresa el progreso de la doctrina, así como también el cambio en la conciencia del pueblo cristiano, que rechaza una pena que lesiona gravemente la dignidad humana[32]. Es una falsa solución, incompatible con el grado de desarrollo de los derechos humanos que hemos alcanzado.

Esa mirada cristiana y humanista nos lleva a sostener con la misma fuerza el rechazo a las penas perpetuas, que quitan la posibilidad de una redención moral y existencial y se convierten en «una forma de pena de muerte encubierta»[33].

No podemos pretender que nuestras cárceles alberguen la esperanza si quitamos de ellas toda posibilidad de redención y reconciliación con la comunidad. Por eso necesitamos peregrinos de esperanza en cada uno de los países en los que la pena de muerte está vigente para que se asuma un compromiso global para su suspensión primero y su abolición después. En la tensión que algunos alegan entre ordenamiento jurídico interno y derecho internacional debe imponerse el reconocimiento universal

---

[32] Cf. FRANCISCO, Discurso con motivo del XXV aniversario del *Catecismo de la Iglesia Católica*, 11 de octubre de 2017.

[33] FRANCISCO, Discurso ante una delegación de la Asociación Internacional de Derecho Penal, 23 de octubre de 2014.

de la dignidad humana. Abolir la pena de muerte no es entregar soberanía, es regalar esperanza al mundo.

El rechazo a la pena de muerte debe ser absoluto. Abarca también a otras formas camufladas de asesinato por parte del aparato represivo del Estado como son, en algunas latitudes, las ejecuciones extrajudiciales. No podemos permitir que siga habiendo oficiales públicos que se refugian bajo la sombra de los poderes estatales para justificar estos delitos. Son crímenes que, en muchos casos, tienen además altos componentes de racismo y clasismo.

Con el mismo espíritu debemos denunciar otra forma de pena de muerte camuflada, esta vez en el escenario internacional, a partir de los ataques selectivos con drones y otras armas de precisión a distancia sobre presuntos delincuentes, relacionados muchas veces con delitos de terrorismo y conspiraciones.

Así, más allá de que según las cifras sean ya más de 110 los países que han abolido la pena capital de forma oficial, vemos con preocupación cómo la pena de muerte, ilegalmente y en diversos grados, se aplica en casi todo el planeta.

Los cristianos y los hombres y mujeres de buena voluntad están llamados a luchar no solo por la abolición de la pena de muerte en todas sus formas, sino también por una mejora en las condiciones carcelarias que respeten la dignidad humana de los detenidos. Más aún cuando en muchos países las cárceles están pobladas por personas pobres a las que un sistema cada vez más injusto empuja a una vida delictiva mientras no les ofrece las garantías mínimas de un proceso justo y se los desampara ante los linchamientos mediáticos.

Ser peregrinos de esperanza nos obliga también a llevarle un ancla y una vela a las personas privadas de su libertad para que ellas también puedan confiar.

3

EL ROSTRO DE UN MIGRANTE

Creo en la fuerza de la inmigración. Defiendo la esperanza de la gente obligada a abandonar su tierra. Soy hijo de inmigrantes y mi familia sintió en su cuerpo lo que es llegar a una ciudad desconocida, ir a buscar trabajo, adaptarse a una lengua nueva, sentir las miradas de alguno que se siente amenazado ante el recién llegado. Sé lo que es la inmigración porque así se formó mi familia y también porque a lo largo de más de once años como papa he visto el rostro de muchas personas que deben dejar su patria en búsqueda de un futuro mejor. Si hay algo que une el rostro de mi padre emigrante con el de un africano que cruza el Mediterráneo, con el de un venezolano que atraviesa la selva o con el de un rohingya que peregrina a pie es la esperanza. En ellos está.

Son millones los hermanos y hermanas de todo el mundo que, a pesar de los problemas, los riesgos y las dificultades que se deben afrontar, emigran con confianza y esperanza. Llevan en el corazón el deseo de un futuro mejor, no solo para ellos, sino también para sus familias y personas queridas[1].

---

[1] Cf. FRANCISCO, Mensaje para la 100 Jornada Mundial del Migrante y del Refugiado, 2014.

Pensemos en cuán difícil debe ser la situación que atraviesan para que dejen sus lugares de origen y emprendan el viaje arriesgado de la esperanza, con el equipaje lleno de deseos y de temores para buscar condiciones de vida más humanas[2].

Tengamos empatía. «¿No es tal vez el deseo de cada uno de ellos el de mejorar las propias condiciones de vida y el de obtener un honesto y legítimo bienestar para compartir con las personas que aman?»[3]. Pensemos cuántas veces, de tantas formas, hemos deseado lo mismo.

Es la historia de la humanidad. Es algo tan humano como el deseo de una vida mejor. Es la esperanza de construir un porvenir.

Los desplazamientos de miles de personas ya no son un fenómeno limitado a algunas zonas del planeta, sino que se dan en todos los continentes. Quienes migran hablan idiomas distintos entre sí, pero los une el lenguaje del amor y la esperanza.

Se trata de hombres y mujeres, ancianos y niños que se ven obligados a abandonar sus casas para encontrar paz, seguridad y un porvenir digno en otros lugares. Para muchos, grabemos esto en nuestros corazones, es una cuestión de vida o muerte.

Ofrezcamos un abrazo a quien migra; abrámosnos a la posibilidad de enriquecernos a través del encuentro, de conocernos, de dialogar. La esperanza es una virtud mucho más bonita si la vivimos de forma comunitaria: los que vienen a nuestra tierra y nosotros, que vamos hacia su corazón,

---

[2] Cf. FRANCISCO, Mensaje para la 101 Jornada Mundial del Migrante y del Refugiado, 2015.

[3] Cf. FRANCISCO, Mensaje para la 102 Jornada Mundial del Migrante y del Refugiado, 2016.

para entenderlos, para entender su cultura, su lengua. Dejemos que su esperanza se refleje en nosotros y nos dé fuerza también.

¿Alguien duda de la fuerza de la esperanza? Es la que hace que quienes buscan una vida mejor sobrevivan incluso a los peligros que suponen el tránsito y los chantajes ilegales o que puedan enfrentarse a las crecientes devoluciones y confinamientos en países en los que estos hermanos y hermanas no son deseados. Es la que, como virtud silenciosa, sostiene ese deseo de satisfacer las necesidades de empleo y mejores condiciones de vida o, incluso a veces, de una esperada reunificación familiar.

Para muchas personas es cada vez más difícil ir de un país a otro. Son fotos en sepia las épocas en las que las familias se subían a un barco para llegar a un nuevo destino y comenzaban de inmediato una nueva vida trabajando en comunidad. Incluso naciones que se hicieron grandes gracias a la llegada de miles de extranjeros o que tuvieron millones de hijos en diáspora por el mundo hoy alzan muros y se desinteresan del tema.

La foto actual de las migraciones es, en cambio, una postal llena del color de la violencia y las dificultades. Lo vemos del desierto del Sahara a la selva del Darién; en las fronteras entre Estados Unidos y México, en el Mediterráneo, que en la última década se ha convertido en «un gran cementerio»; también en Medio Oriente a causa de la tragedia humanitaria en Gaza y en el Extremo Oriente con el martirizado pueblo de los rohingya.

«No maltrates ni oprimas al extranjero, porque ustedes también fueron extranjeros en Egipto» (Éxodo 22,20). Como cristianos, debemos sentirnos interpelados por cada refugiado y migrante que abandona su patria. ¿Dónde está escrito que su esperanza tenga que valer menos de quienes migran de un país a otro para gozar de un retiro dorado o para hacer lucrativos negocios? No podemos seguir así. La muerte de inocentes, principalmente niños, en busca de una existencia más serena, lejos de las guerras y la violencia, es un grito doloroso y ensordecedor que no puede dejarnos indiferentes.

Frente a las migraciones actuales

Nos acercamos a un Año Santo en el que la esperanza será central. Hace un cuarto de siglo, ante el Gran Jubileo por los 2000 años del anuncio de paz de los ángeles en Belén, san Juan Pablo II incluyó el número creciente de desplazados entre las consecuencias de «una interminable y horrenda serie de guerras, conflictos, genocidios, limpiezas étnicas» que habían marcado el siglo XX[4]. Hoy agregamos que, incluso en tierras de paz, las lacerantes marcas de una economía que mata son una de las principales causas del desplazamiento de la población dentro y fuera de las fronteras nacionales.

Desde que el hombre es hombre las personas migran por distintas razones, ante todo por «el anhelo de una vida mejor, a lo que se une en muchas ocasiones el deseo de querer dejar atrás la "desesperación" de un futuro imposible de construir», como marcó hace ya más de una década mi predecesor Benedicto XVI[5]. Se ponen en camino para reunirse con sus familias, para encontrar mejores oportunidades de

---

[4] Juan Pablo II, Mensaje para la XXXIII Jornada Mundial de la Paz, 2000.

[5] Cf. Benedicto XVI, Mensaje para la 99 Jornada Mundial del Migrante y del Refugiado, 2012.

trabajo o de educación: quien no puede disfrutar de estos derechos, no puede vivir en paz.

Hay quienes sin embargo ven a emigrantes y refugiados como si fueran «peones sobre el tablero de la humanidad»[6]. Pero se trata de niños, mujeres y hombres que abandonan o son obligados a abandonar sus casas por muchas razones, que comparten el mismo deseo legítimo de conocer, de tener, pero sobre todo de ser algo más. Estamos asistiendo al más vasto movimiento de personas, incluso de pueblos, de todos los tiempos. La historia nos juzgará por cómo nos comportamos ante el hambriento, ante el que tuvo sed, ante el forastero (Mateo 25,35-40).

Reitero lo que dije hace poco a los representantes de los más de 180 países con los que la Santa Sede tiene relaciones, deseoso de que el mensaje se pueda esparcir entre quienes tienen responsabilidades políticas en todos los rincones del planeta: «Ante esta ingente tragedia fácilmente acabamos cerrando nuestros corazones, atrincherándonos tras el miedo a una invasión. Olvidamos fácilmente que se trata de personas con rostros y nombres»[7].

Sabemos que muy difícilmente el mundo pueda volver a ser un lugar de puertas abiertas para toda persona que busque migrar en busca de un futuro mejor, como en la época de mis padres. De hecho, vemos cómo mientras las mercancías tienen cada vez menos restricciones para ir de un lugar a otro, a los seres humanos se les hace cada vez más difícil. Por eso pedimos que haya al menos acuerdos mínimos que

---

[6] Francisco, Mensaje para la 101 Jornada Mundial del Migrante y del Refugiado, 2014.

[7] Francisco, Discurso a los miembros del Cuerpo Diplomático acreditado ante la Santa Sede para la presentación de las felicitaciones de Año Nuevo, 8 de enero de 2024.

den cuenta de que las responsabilidades en estos fenómenos son compartidas entre todos los países y se avance en reglamentaciones para acoger, promover, acompañar e integrar a los migrantes.

Esto debe hacerse salvaguardando su dignidad, al tiempo que se respetan la cultura, la sensibilidad y la seguridad de las poblaciones que se encargan de la acogida y la integración. Además, «también es necesario recordar el derecho a poder permanecer en la propia patria y la consiguiente necesidad de crear las condiciones para que ese derecho se pueda realmente poner en práctica»[8].

Necesitamos visibilizar el proceso estructural que termina empujando a millones de personas a salir, muchas veces solo con lo puesto, en busca de un futuro mejor. En cambio, vemos que migrantes y refugiados solo son noticia ante hechos policiales en los que están involucrados o si mueren de a decenas en las distintas rutas migratorias, ya sea en el mar o en el desierto. La indiferencia global ha incluso creado una coraza para que ni nos enteremos de las tragedias cuando los muertos se cuentan con los dedos de una mano.

Así, parece una utopía pedir a los medios de comunicación que se visibilicen también las incontables ocasiones en la que los migrantes tienen éxito en su tierra de llegada, salvan una vida, se integran con ternura o dan sus enriquecedores frutos para beneficio de toda la comunidad.

En este marco, vemos cómo, además, las guerras recientes de impacto global desviaron la poca atención que ya había sobre un fenómeno que sigue sucediendo a diario, aunque los reflectores de los medios hayan dejado de apuntar hacia allí. La tragedia de millones de hermanos y

---

[8] *Ibid.*

hermanas migrantes oscila hoy entre la invisibilización y la espectacularización.

El fenómeno de las migraciones forzadas, en medio de condiciones cada vez más inhumanas, es una crisis humanitaria que concierne a todos. Las migraciones siempre han dado lugar a intercambios entre pueblos y culturas que han enriquecido las civilizaciones y favorecido el diálogo entre pensamientos, promoviendo el encuentro entre la ciencia, la filosofía y el derecho, y entre muchas otras realidades.

Sin embargo, esta tradición de la humanidad se ha visto poco a poco desplazada por dos palabras que alimentan los temores de muchas poblaciones: *invasión* y *emergencia*. Más que realidades probadas, parecerían ser los caballitos de batalla de unos pocos que se benefician electoralmente cuando crecen los sentimientos de desconfianza en la población. O, peor aún, son los emblemas de quienes, para mantener vivo el tráfico de personas, boicotean cualquier intento de acuerdos entre países para que migrar sea efectivamente un derecho humano y no un pase a una muerte segura.

Necesitamos conocer los datos verdaderos para comprender que no hay invasión, sino personas que se han visto obligadas a dejarlo todo y huir a causa de las guerras civiles, la violencia y el cambio climático, entre otros factores. Al mismo tiempo, la exacerbación de un estilo de vida occidental de supuesto éxito y bienestar atrae a veces a muchos migrantes con expectativas poco realistas que los exponen a grandes desilusiones.

Por un derecho universal a no migrar

No se puede amar lo que no se conoce. Lo enseña Jesús mismo en el episodio de los discípulos de Emaús: «Mientras conversaban y discutían, Jesús en persona se acercó y se puso a caminar con ellos. Pero sus ojos no eran capaces de reconocerlo» (Lucas 24,15-16).

Muchas veces desconocemos tanto las realidades de los países de origen de los hermanos migrantes que su situación no nos genera empatía. Cada vez más conflictos, desastres naturales o dificultades para vivir una vida digna y próspera en la propia tierra de origen obligan a millones de personas a partir. A inicios de siglo, san Juan Pablo II afirmaba que «crear condiciones concretas de paz, por lo que atañe a los emigrantes y refugiados, significa comprometerse seriamente a defender ante todo el derecho a no emigrar, es decir, a vivir en paz y dignidad en la propia patria»[9].

Un primer paso para empatizar con quienes se encuentran en situación de migración es defender los derechos de todos a vivir con dignidad, sobre todo ejerciendo el derecho a no tener que emigrar para contribuir al desarrollo del país de origen.

Es, sí, un proceso de más largo alcance, pero ¿qué si no políticas de largo plazo debemos pedir a quienes tienen responsabilidades? También es una tarea en varios niveles. Ayudar a los países de los que salen los emigrantes debería ser el primero de ellos.

Un santo dijo alguna vez que los países centrales deberían tener en cuenta que, en su relación con los que están aún en vías de desarrollo, «no se trata de darles cada vez más, sino de sacarles cada vez menos». La solidaridad, la cooperación, la interdependencia internacional y la justa distribución de los bienes de la tierra aparecen como elementos

---

[9] Juan Pablo II, Mensaje para la 90 Jornada Mundial del Migrante y del Refugiado, 2004.

fundamentales si queremos de verdad actuar en profundidad y de manera incisiva sobre todo en las áreas de donde parten los flujos migratorios.

La única forma de que se reduzcan las partidas en cualquier lugar del mundo es que cesen las necesidades que inducen a las personas, de forma individual o colectiva, a abandonar el propio ambiente natural y cultural.

Reitero una vez más que «migrar debería ser una elección libre, nunca la única posible»[10].

En el 75 aniversario de la Declaración de los Derechos del Hombre, se necesita un consenso universal para codificar el derecho a no emigrar para permanecer en la propia tierra. Cada hombre y cada mujer debe tener garantizada la posibilidad de vivir con dignidad en la patria en que ha nacido, en la sociedad en la que se encuentra, en el barrio en que creció.

Los factores que provocan los desplazamientos numerosos en los cinco continentes no son eventos que escapan al control del ser humano. La miseria que engendra este sistema; las guerras alimentadas por el egoísmo y el armamentismo creciente; la crisis climática provocada por la depredación de la Tierra son todas causas de migración que podemos mitigar. Está en nuestras manos que se generen las condiciones para garantizar que quien quiera quedarse en su tierra pueda hacerlo… si existe la voluntad de crearlas y el compromiso político global para intentarlo.

Asegurar a quien quiera quedarse en la propia tierra la posibilidad de un desarrollo humano integral parecería una cuestión de humanidad básica. Pero como así no se ha podido asegurar, es necesario y urgente que sea proclamado, a nivel legal, como derecho universal.

---

[10] Francisco, Ángelus, 24 de septiembre de 2023.

La interrelación de los países en la cuestión migratoria se pone de manifiesto a la vez que, ya que los recursos mundiales no son ilimitados, el desarrollo de los países económicamente más pobres depende de la capacidad de compartir que se logra generar entre todas las naciones.

Recientes debates a nivel europeo han puesto sobre la mesa la posibilidad de lanzar nuevos planes para mejorar el desarrollo de África con una magnitud similar a las ayudas que el propio Viejo Continente tuvo para recuperarse de la debacle social y económica que supuso la Segunda Guerra Mundial.

Ojalá prosperen estas iniciativas antes de que la Tercera Guerra Mundial termine de posarse sobre nosotros.

La integración de los países

Reitero aquí que «es absolutamente necesario que se afronten en los países de origen las causas que provocan la emigración»[11]. Necesitamos que los programas que se apliquen para este fin garanticen que, en las zonas afectadas por la inestabilidad y por las más graves injusticias, haya lugar para un desarrollo auténtico que promueva el bien de todas las poblaciones, en particular de los niños y niñas, esperanza de la humanidad.

Si queremos resolver un problema que nos afecta a todos, debemos hacerlo con una integración de los países expulsores, de tránsito, destino y retorno de migrantes. Ante este reto, ningún país puede quedarse solo y ninguno puede pensar en abordar la cuestión de forma aislada mediante legislaciones

---

[11] Francisco, Mensaje para la 103 Jornada Mundial del Migrante y del Refugiado, 2017.

más restrictivas y represivas, aprobadas a veces bajo la presión del miedo o en busca de un rédito electoral.

Por el contrario, así como vemos que hay una globalización de la indiferencia (EG 54), hay que responder con la globalización de la caridad y de la cooperación, para que se humanicen las condiciones de los emigrantes.

Pensemos en recientes ejemplos que vimos en Europa. La herida aún abierta que es la guerra en Ucrania provocó que miles de personas debieran abandonar sus casas, especialmente durante los primeros meses del conflicto. Pero también hemos sido testigos de la acogida irrestricta de muchos países de frontera, como ha sido el caso de Polonia. Algo similar ha ocurrido en Medio Oriente, en donde las puertas abiertas de países como Jordania o Líbano continúan siendo la salvación para millones que huyen de los conflictos en el área: pienso especialmente en quienes abandonan Gaza en medio de la carestía que ha azotado a los hermanos palestinos ante la dificultad para que ingresen alimentos y ayuda a su territorio. Lo que está ocurriendo en Gaza, que según algunos expertos parecería tener las características de un genocidio, debería ser investigado con atención para determinar si encuadra en la definición técnica que sostienen juristas y organismos internacionales.

Debemos involucrar a los países de origen de los mayores flujos migratorios en un nuevo ciclo virtuoso de crecimiento económico y de paz que incluya a todo el planeta. Para que la migración sea una decisión realmente libre es necesario esforzarse por garantizar a todos una participación equitativa en el bien común, el respeto de los derechos fundamentales y el acceso al desarrollo humano integral. Solo si este piso mínimo está garantizado en todas las naciones del mundo podremos decir que quien migra lo hace de forma libre y podremos pensar en una solución realmente integral al tema. Pienso en especial en los jóvenes, que al emigrar muchas veces provocan en sus comunidades de origen una doble fractura: una porque pierden a los elementos más prósperos y emprendedores y otra porque se disgregan las familias.

Para que podamos llegar a este escenario, sin embargo, debemos tener como paso previo fundamental que se terminen los términos desiguales de intercambios entre los distintos países del mundo. Se ha instalado en los vínculos entre muchos países una cierta ficción que parecería dar cuenta de un supuesto intercambio comercial, pero es solo una transacción entre filiales que saquean los territorios de los países pobres y mandan sus productos y regalías a las casas matrices en los países desarrollados. Me vienen a la mente, por ejemplo, sectores ligados a la explotación de recursos naturales del subsuelo. Son las venas abiertas de estos territorios[12].

Cuando escuchamos a tal o cual dirigente quejarse de los flujos de migración que llegan desde África a Europa, ¿cuántos de esos mismos líderes se preguntan sobre el neocolonialismo que aún hoy subsiste en muchas naciones africanas?

Recuerdo que en mi viaje a República Democrática del Congo en 2023 abordé el problema del saqueo de hoy sobre algunas naciones: «Hay una consigna que brota del inconsciente de tantas culturas y de mucha gente: "África va explotada", y esto es terrible. Tras el colonialismo político, se ha desatado un "colonialismo económico" igualmente esclavizador. Así, este país, abundantemente depredado, no es capaz

---

[12] Cf. Eduardo GALEANO, *Las venas abiertas de América Latina*, Editorial Casa de las Américas, La Habana 1971.

de beneficiarse suficientemente de sus inmensos recursos: se ha llegado a la paradoja de que los frutos de su propia tierra lo conviertan en "extranjero" para sus habitantes. El veneno de la avaricia ha ensangrentado sus diamantes»[13].

Sabemos ya que la «teoría del derrame» no funciona ni dentro de la economía de un propio país ni dentro del concierto de naciones[14]. Hay que apoyar a los países de las periferias, en muchos casos aquellos de origen de las migraciones, para neutralizar las prácticas neocolonizadoras que buscan perpetuar las asimetrías.

Una vez que el mundo pueda avanzar en acuerdos para promover el desarrollo local de quienes de otro modo terminarían migrando, es importante que sus gobernantes, llamados a ejercitar la buena política, actúen de forma transparente, honesta, con amplitud de miras y al servicio de todos, especialmente de los más vulnerables[15].

Los países desarrollados deberían también rever los criterios con los que juzgan la corrupción de parte de sus empresas estatales o de bandera. Porque si en algún lugar del mundo hay un dictador o gobernante que recibe una valija de dinero a cambio de regalar los recursos de su país es porque del otro lado está el ejecutivo de una multinacional ofreciéndole ese maletín.

La tarea es difícil cuando vemos «tantos países en vías de desarrollo, afligidos por la inestabilidad, los regímenes,

---

[13] FRANCISCO, Encuentro con las autoridades, la sociedad civil y el Cuerpo Diplomático en el jardín del Palacio de la Nación de Kinsasa, 31 de enero de 2023.

[14] Cf. FRANCISCO, Discurso al II Encuentro Mundial de Movimientos Populares, 9 de julio de 2015.

[15] Cf. FRANCISCO, Mensaje para la 109 Jornada Mundial del Migrante, 2023.

las guerras y la desertificación, que miran a aquellos acaudalados, en un mundo globalizado, en el que todos estamos conectados, pero en el que las diferencias nunca habían sido tan profundas»[16].

Así, una vez creadas las condiciones para que quien quiera desarrollarse en su tierra pueda hacerlo, la solución no es rechazar, sino garantizar un amplio número de entradas legales y regulares en cada lugar del planeta, siempre en la medida de las posibilidades de cada país.

Esa es la única vía posible para vencer a los traficantes de personas que se sirven de la ilegalidad de las migraciones para vender la falsa ilusión del ingreso a un país a quien busca un destino mejor. Luego, muchas veces los migrantes son despojados de sus pertenencias, sometidos a abusos sexuales, maltratados, dejados a su suerte en medio de las travesías e incluso asesinados. Y este es un mal global, que sucede en un desierto del continente americano, en un mar europeo, en una montaña del Cercano Oriente.

La cuestión migratoria preocupa no solo a los países de origen, sino también a los de tránsito, en donde siguen difundiéndose relatos de abusos físicos y psicológicos contra migrantes, a veces detenidos ilegalmente en centros donde no se respetan los derechos humanos. Pude ver con mis propios ojos las torturas a las que son sometidas las personas encerradas en los campos de concentración de uno de los países de donde salen más barcazas hacia Europa. Es una crueldad absoluta.

Estamos hablando de hermanos y hermanas que en la mayoría de los casos no solo han vendido todo lo que tenían

---

[16] FRANCISCO, Discurso en la sesión final de los «Encuentros del Mediterráneo», Palais du Pharo, Marsella, 23 de septiembre de 2023.

por el sueño de una vida mejor, sino que muchos atravesaron miles de kilómetros en condiciones inhumanas con el fin de estar más cerca de cruzar hacia la que ven como la tierra prometida. No solo en África: han recorrido el mundo las imágenes de las caravanas kilométricas de personas que cruzan América Central de Sur a Norte hasta que llegan a un punto en el que son ultrajados por los traficantes en alguno de los países de tránsito. Al ser testigos de estas situaciones, debemos preguntarnos si no hay, al menos, una complicidad por omisión de las fuerzas de seguridad y del poder político de los países de destino.

Ojalá nos hagan reflexionar las palabras de un grupo de obispos de frontera en el continente americano que denunciaron que las políticas migratorias implementadas por un país de destino y uno de tránsito «han puesto a los migrantes en situaciones de mayor vulnerabilidad, al provocar incertidumbre, rechazo, persecución y violación de sus derechos humanos, exponiéndolos a caer en manos de las organizaciones criminales para poder llegar a su destino», al tiempo que la militarización de la zona «ha incluido abusos de autoridad, detenciones arbitrarias y separación de familias»[17].

La idea de trabajar todos mancomunadamente es difícil, pero posible. Es un esfuerzo que comienza por preguntarnos qué podemos hacer, pero también qué debemos dejar de hacer. Y no quedan dudas de que «debemos esforzarnos por detener la carrera de armamentos, el colonialismo económico, la usurpación de los recursos ajenos, la devastación de nuestra casa común»[18].

---

[17] OBISPOS DE LA FRONTERA DE TEXAS Y MÉXICO, «Unidos construyendo el futuro con los migrantes», 7 de enero de 2024.

[18] FRANCISCO, Mensaje para la 109 Jornada Mundial del Migrante y del refugiado, 2023.

Mientras ponemos en marcha un proceso que nos ofrezca una solución de mediano y largo plazo en el tema migratorio, estamos llamados a tener el máximo respeto por la dignidad de cada migrante. Esto significa acompañar y gobernar los flujos del mejor modo posible, construyendo puentes y no muros, ampliando los canales para una migración segura y regular.

Sea cual sea el país en el que un ser humano decida construir su futuro y el de su familia, lo importante es que haya siempre allí una comunidad dispuesta a acoger, proteger, promover e integrar a todos, sin distinción y sin dejar a nadie fuera. Esos son los cuatro verbos que nos van a ayudar a mantener viva la esperanza de nuestros hermanos migrantes.

Acoger, proteger, promover, integrar

Debemos favorecer leyes que respeten los derechos humanos básicos, en las que queden satisfechas tanto las necesidades de las poblaciones locales como las de quienes necesitan una política de inmigración humana para sobrevivir, además de que se tengan en cuenta las capacidades de cada país para recibir a hermanos de otras latitudes.

He manifestado muchas veces mi postura de que a los inmigrantes se les acoge, se les protege o se les acompaña, se les promueve y se les integra. Ante las adversidades crecientes en cada parte del planeta, el criterio principal no puede ser la conservación del propio bienestar, sino la salvaguardia de la dignidad humana. Son cuatro verbos que pueden guiarnos hacia una política fraterna y solidaria con los migrantes, al tiempo que nos dan un mapa para nuestro relacionamiento con los habitantes de todas las periferias.

Acoger es abrir la puerta, dentro de las posibilidades de cada país, con un sinceramiento de cuántas personas está dispuesto a recibir. Significa también facilitar los mecanismos para que los migrantes y refugiados puedan ingresar de modo seguro y legal en los países de destino. Pienso, por ejemplo, en las vías que se podrían explorar para incrementar y simplificar la concesión de visados, en especial aquellos por motivos humanitarios y reunificación familiar; frenar las deportaciones que separan a madres de hijos; brindar una adecuada asistencia consular y garantizar el acceso a la salud, a la justicia y a la libertad religiosa, entre otras iniciativas.

Hemos recibido la vida gratis, no hemos pagado por ella. Todos estamos llamados a dar sin esperar, a hacer el bien sin exigir. Es lo que Jesús decía a sus discípulos: «Lo que han recibido gratis, entréguenlo también gratis» (Mateo 10,8). Sigamos ese ejemplo para acoger al extranjero, aunque de momento no traiga un beneficio tangible, más allá de que hay países que pretenden recibir solo a los científicos o a los inversores. No podemos permitir que se divida a los migrantes, ya de por si martirizados, en personas de clase A y de clase B con criterios utilitaristas que arrollan la dignidad, que debería ser independiente de religión, raza, color de ojos o nivel de estudio.

Además de acoger, proteger. El estatus migratorio debería ser un tema secundario por debajo de la condición de persona de cada uno de nuestros hermanos y hermanas migrantes. Esa protección, que debe empezar en el lugar de origen, debe garantizarse también durante todo el desplazamiento y en el lugar de llegada. Necesitamos la cooperación de las autoridades locales para garantizar a quien llega el derecho mínimo de que no se le retengan sus documentos, de que no será perseguido por las fuerzas del orden a causa de su condición de inmigrante, de que en caso de necesitarlo tendrá opción a una asistencia sanitaria mínima.

Incluso hay gestos mínimos y cotidianos que también son protección: necesitamos que se erradique del lenguaje el uso de la nacionalidad o el color de piel del hermano migrante como forma de insulto.

«Tus puertas estarán siempre abiertas, no se cerrarán ni de día ni de noche, para que te traigan las riquezas de las naciones» (Isaías 60,11). La presencia de los migrantes y los refugiados representa un enorme reto, pero también una oportunidad de crecimiento cultural y espiritual para todos. Primero acogido y luego protegido, a los migrantes luego hay que promoverlos. Al pedir que se les abran las puertas, pido también que se anime su desarrollo integral, que se les dé la posibilidad de realizarse como personas en todas las dimensiones que componen la humanidad querida por el Creador.

Pienso en particular en que se logren mayores avances en la promoción de la inserción sociolaboral de los emigrantes y refugiados, que se garantice incluso a aquellos solicitantes de los distintos tipos de asilo la posibilidad de trabajar y que, en paralelo, se ofrezcan cursos formativos lingüísticos y de ciudadanía activa, como también una información adecuada en sus propias lenguas. En Italia tenemos el ejemplo de un joven sacerdote, don Mattia Ferrari, que se involucra no solo en las acciones de rescate en el mar, sino que con su grupo velan por una integración sostenible y sustentable en el destino.

Por otro lado, la migración bien gestionada podría ayudar a hacer frente a la grave crisis que provoca la desnatalidad en muchos países, especialmente europeos. Es un problema muy grave al que las personas que llegan desde otras naciones pueden contribuir a resolver si se los integra plenamente y dejan de ser considerados ciudadanos «de segunda».

Es clave la importancia de la integración del migrante que llega. Corremos el riesgo de que lo que algunos ven como una salvación en el presente sea una condena para el futuro. Serán las generaciones futuras las que nos agradecerán si habremos sido capaces de crear las condiciones para una imprescindible integración, mientras que nos culparán si solo habremos fomentado una asimilación infecunda[19]. Estamos hablando de una integración con el estilo del poliedro, en la que cada uno conserve sus características, un modelo totalmente alejado de la asimilación, que no tiene en cuenta las diferencias y permanece rígida en sus propios paradigmas.

El ideal integrador contribuye a un conocimiento mayor de cada uno. Ya desde niños, al «mezclarse» con los demás, se pueden superar muchas barreras y prejuicios, desarrollando la propia identidad en un contexto de enriquecimiento mutuo.

Al mismo tiempo, y así como quien acoge está llamado a promover el desarrollo humano integral, al que es acogido se le pide que respete las normas del país que lo recibe. Al final del camino, unos y otros se verán enriquecidos con el intercambio. El todo es superior a las partes.

Actuar en sintonía con estos cuatro verbos es ser un buen cristiano. Es el *Catecismo de la Iglesia católica* que nos marca que «las naciones más prósperas tienen el deber de acoger, en cuanto sea posible, al extranjero que busca

---

[19] Cf. Francisco, Discurso en la sesión final de los «Encuentros del Mediterráneo», Palais du Pharo, Marsella, 23 de septiembre de 2023.

la seguridad y los medios de vida que no puede encontrar en su país de origen. Las autoridades deben velar para que se respete el derecho natural que coloca al huésped bajo la protección de quienes lo reciben» (CIC, n. 2241).

Esto, de todos modos, no exime de responsabilidades a quien llega a un nuevo país, ya que «el inmigrante está obligado a respetar con gratitud el patrimonio material y espiritual del país que lo acoge, a obedecer sus leyes y contribuir a sus cargas»[20].

La Escritura nos recuerda: «No olviden la hospitalidad; por ella algunos, sin saberlo, hospedaron a ángeles» (Hebreos 13,2). Hoy la fidelidad al Evangelio pasa también por acoger, proteger, promover e integrar.

Niños migrantes

«El que acoge a un niño como este en mi nombre, me acoge a mí; y el que me acoge a mí, no me acoge a mí, sino al que me ha enviado» (Marcos 9,37; cf. Mateo 18,5; Lucas 9,48; Juan 13,20).

En medio de la tragedia que significa que millones de personas vean cómo su esperanza en una vida mejor se transforma en ocasiones en un camino a la muerte, son principalmente los niños quienes más sufren las graves consecuencias de la emigración.

Estos menores llegan profundamente tocados por dramas mucho más grandes que ellos, habiendo sido testigos de tragedias que los marcarán toda su vida.

Son jóvenes vidas que quedan también indefensas ante el aumento de plagas monstruosas como el tráfico de niños, la

---

[20] *Ibid.*

explotación y el abuso de menores y, en general, la privación de los derechos propios de la niñez sancionados por la Convención Internacional sobre los Derechos de la Infancia. Los niños «constituyen el grupo más vulnerable entre los emigrantes, porque, mientras se asoman a la vida, son invisibles y no tienen voz: la precariedad los priva de documentos, ocultándolos a los ojos del mundo; la ausencia de adultos que los acompañen impide que su voz se alce y sea escuchada»[21].

En primer lugar, hay que acogerlos en estructuras adecuadas, no en centros de acogida para adultos. Debemos mirar con atención especial a los menores que migran en soledad o separados de su familia. Han recorrido el mundo las imágenes de algunos centros de detención con los menores enjaulados de un lado de la frontera y el resto de sus familias deportadas del otro. ¿Qué les ha pasado a nuestros corazones para aceptar realidades de este tipo?

Además de los peligros que enfrentan como todo migrante, los niños se hallan muchas veces ante una serie de trabas burocráticas que en muchos casos les niegan incluso el derecho universal a una nacionalidad. Pido a la comunidad internacional que se ponga especial atención en esta realidad para que la apatridia deje de ser otra consecuencia de la ya difícil situación que deben vivir estos menores.

Nos preocupan profundamente la seguridad y el bienestar del número cada vez mayor de menores en movimiento, muchos de los cuales no están acompañados o están separados de sus familias. En un país europeo las cifras oficiales muestran que a lo largo de 2023 llegaron 1500 menores no

---

[21] FRANCISCO, Mensaje para la 103 Jornada Mundial del Migrante y del Refugiado, 2017.

acompañados por mes. Ellos no pueden esperar. Debemos priorizar su interés superior y la reunificación familiar en las políticas y prácticas pertinentes.

La situación de los emigrantes menores de edad «se agrava más todavía cuando se encuentran en situación irregular o cuando son captados por el crimen organizado»[22]. Su destino muchas veces se reduce a un centro de detención en donde comparten techo con adultos, a las deportaciones o a ser cooptados por las redes de la trata.

Como recordó mi predecesor Benedicto XVI, debemos adoptar todas las medidas necesarias para que se asegure a los niños emigrantes protección y defensa, ya que «estos chicos y chicas terminan con frecuencia en la calle, abandonados a sí mismos y víctimas de explotadores sin escrúpulos que, más de una vez, los transforman en objeto de violencia física, moral y sexual»[23].

Lamentablemente, vemos como la línea divisoria entre la emigración y el tráfico puede ser en ocasiones muy sutil. La trata de personas es una plaga alimentada por muchos factores que encuentra en los niños migrantes un blanco al que atacar. Es una vergüenza que ocurra en sociedades que se consideran civilizadas. Hago mías las palabras del Dicasterio para la Doctrina de la Fe, que consideró que «la trata de personas también debe considerarse una grave violación de la dignidad humana»[24].

Debemos luchar contra ella con toda la fuerza, especialmente en los casos de explotación y el abuso de los niños.

---

[22] *Ibid.*

[23] BENEDICTO XVI, Mensaje para la Jornada Mundial del Emigrante y el Refugiado, 2008.

[24] DICASTERIO PARA LA DOCTRINA DE LA FE, Declaración *Dignitas infinita* sobre la dignidad humana, 8 de abril de 2024,

Si no se encuentra el modo de intervenir con mayor rigor y eficacia ante los explotadores, no se podrán detener las numerosas formas de esclavitud de las que son víctimas los menores de edad. No dejemos que se borre de sus rostros la sonrisa de la esperanza.

No todas son malas noticias. Hay algunas iniciativas que tienen decididamente a los migrantes menores de edad en el centro de su misión. Quiero destacar en particular a la hermana Norma Pimentel y a su equipo. Durante más de tres décadas, *sister* Norma ha estado en primera línea para apoyar a los refugiados y migrantes en esa franja de tierra que separa Texas de México, donde tantos han encontrado la muerte a lo largo de los años. En particular, miles y miles de niños han pasado por sus centros para recibir una acogida humana con rostro humano.

Solo en la última década, la hermana Norma ha acogido a más de 23 000 personas vulnerables y ha ofrecido comida caliente al hambriento, medicamentos al enfermo y todo tipo de asesoramiento o ayuda de emergencia a todos aquellos que luego desean continuar su viaje. La mayoría ha perdido todo; no dejemos que pierdan también las esperanzas.

Abrirse al otro

Abrámonos al encuentro con el otro. En un marco en el que los nacionalismos cerrados y agresivos (FT 11) y el individualismo radical (cf. FT 105) resquebrajan o dividen a la familia humana, las personas que llegan a nuestros países tienen mucho para aportar a un nosotros cada vez más grande que podemos construir. Debemos tender una mano abierta de humanidad. No olvidemos que en muchos casos son personas que arrastran días, semanas, meses de travesía.

Es un error creer que, en el estado del mundo hiperglobalizado de hoy, hay quienes pueden desarrollarse al margen de la ruina de los demás y que cerrándose al resto estarán más protegidos. Ayudar al progreso del prójimo no es solo una cuestión de humanidad. Para aquellos que todo lo miran como si fuera un balance contable, debería ser incluso una cuestión de racionalidad: nuestro futuro está unido al de ellos, nadie se salva solo.

Jesucristo espera siempre que lo reconozcamos en los emigrantes y en los desplazados, en los refugiados y en los exiliados, y nos llama a compartir nuestros recursos, y en ocasiones a renunciar a nuestro bienestar. San Pablo VI nos recordó que «los más favorecidos deben renunciar a algunos de sus derechos para poner con mayor liberalidad sus bienes al servicio de los demás» (OA 23).

Debemos vivir en una casa común en la que cada uno habite el rincón que desea. Pero si la migración se mantiene como opción, hay que crear las condiciones para acoger, proteger, promover e integrar. Estos verbos no se aplican solo a los migrantes y a los refugiados. Deberían ser nuestra hoja de ruta para comportarnos con todos los habitantes de las periferias existenciales y materiales.

Además de las acciones que hagamos en solidaridad con los emigrantes y los refugiados, es necesario que podamos desarrollar mundialmente un orden económico-financiero más justo y equitativo, junto con un mayor compromiso por la paz, condición indispensable para un auténtico progreso para todos. Sin excepción.

Si ponemos en práctica estos verbos, contribuimos a edificar la ciudad de Dios y del hombre. Es el ideal de la nueva Jerusalén (cf. Isaías 60; Apocalipsis 21,3), donde todos los pueblos se encuentran unidos, en paz y concordia, celebrando la bondad de Dios y las maravillas de la creación: «Partos, medos y elamitas, los que vivimos en Mesopotamia, Judea, Capadocia, Ponto y Asia, Frigia y Panfilia, Egipto y la zona de Libia que limita con Cirene, los peregrinos de Roma, judíos y prosélitos, cretenses y árabes les oímos decir en nuestros propios idiomas las grandezas de Dios» (Hechos 2,9-11).

Debemos tener presente que «es siempre urgente recordar que todo emigrante es una persona humana que, en cuanto tal, posee derechos fundamentales inalienables que han de ser respetados por todos y en cualquier situación»[25].

Es imposible hoy que cualquier de nosotros piense en estar 24 horas sin contacto directo con una historia de migración: el médico que nos atiende, la persona que cultiva la tierra de donde salen nuestros alimentos, el ingeniero que armó nuestra computadora, el cajero del mercado en el que compramos, el jefe de nuestro lugar de trabajo.

Los migrantes tienen mucho para darnos. A lo largo de la historia, todas las civilizaciones se han construido sobre las pequeñas esperanzas que quienes migraron han depositado una sobre la otra en sus países de destino. No seamos nosotros quienes interrumpimos el ciclo. Ayudémoslos. No es posible que alguien deba morir de esperanza.

---

[25] DICASTERIO PARA LA DOCTRINA DE LA FE, Declaración *Dignitas infinita* sobre la dignidad humana, 8 de abril de 2024, n. 40.

4

EL ROSTRO DE UN CIVIL DURANTE LA GUERRA

El papa Pio XII nos avisó hace 85 años que «nada se pierde con la paz; todo puede perderse con la guerra»[1] Ya bien entrado el siglo XXI, no hemos aprendido la lección. Al mirar a nuestro alrededor, nos encontramos con un mundo cada vez más herido, en el que millones de personas sufren a diario los efectos de conflictos prolongados y amenazas que llegan a todo el planeta.

El laberinto oscuro de muerte y destrucción en el que estamos inmersos no nos da muchos elementos para pensar que tendremos una salida. Estamos en un momento en el que «la humanidad, desmemoriada de los dramas del pasado, está sometida a una prueba nueva y difícil cuando ve a muchas poblaciones oprimidas por la brutalidad de la violencia» (SNC, 8). Pese a la voluntad de fraternidad de nuestros pueblos, vemos que los designios de los poderosos de la tierra no dan confianza a las justas aspiraciones de quienes deseamos ver realizado el plan de Dios, que es «un plan de paz y no de desgracia» (Jeremías 29,11).

---

[1] Pío XII, Radiomensaje de Navidad, 24 de diciembre de 1939.

El sufrimiento de todos y cada uno de nuestros hermanos y hermanas sacude nuestras conciencias y nos obliga a no callar, a no permanecer indiferentes ante la violencia de Caín y el grito de Abel, sino a levantar con fuerza la voz para gritar, como mi amado san Pablo VI hace 60 años, «nunca jamás los unos contra los otros; jamás, nunca jamás. ¡Nunca jamás guerra! ¡Nunca jamás guerra! Es la paz, la paz, la que debe guiar el destino de los pueblos y de toda la humanidad»[2].

Toda guerra deja al mundo peor que como lo había encontrado. Los padres conciliares dejaron en claro que los daños causados por un conflicto armado no son solamente materiales, sino también morales (cf. GS 79). La guerra es un fracaso de la política y de la humanidad, una claudicación vergonzosa, una derrota frente a las fuerzas del mal.

Pese a todo, hay todavía un vestigio de esperanza. Lo vemos a diario en esos hombres, mujeres y niños civiles que sufren las desgracias de los conflictos armados. Son madres, hijos o hermanos de alguien enrolado en el frente; son personas que ven afectada su vida cotidiana por bombardeos o reclutamientos masivos; son quienes pierden a un ser querido en lo que los señores de la guerra consideran luego «un daño colateral». En esos rostros de esperanza pienso a diario para pedir a Dios el fin de todo conflicto armado.

Tenemos, y es parte de nuestra doctrina, el deber de «proteger y ayudar» a los hermanos y hermanas indefensos (DSI 504). Especialmente en marcos en los que «con mucha frecuencia la población civil es atacada, a veces

---

[2] PABLO VI, Discurso ante la Asamblea general de las Naciones Unidas, Nueva York, 1965.

incluso como objetivo bélico» (DSI 504). La dignidad inalienable de toda persona humana, su derecho irrestricto a la vida, debe siempre tener la precedencia sobre los intereses de las partes en conflicto.

La Santa Sede jamás ha dejado, en esa línea, de fomentar una humanización de los efectos de los conflictos armados. Se ha abogado de forma irrestricta por la protección de la población civil y de los bienes indispensables para su supervivencia, el respeto del personal sanitario y religioso, y la protección de sus bienes de todo tipo, así como el ambiente natural, nuestra casa común.

Queda, sin embargo, mucho por hacer. Ya hace más de siete años, cuando aún no surcaban nuestros cielos las ráfagas de muerte que hoy nos atraviesan de norte a sur y de oeste a este, recordé que «a pesar del loable intento por reducir, a través de la codificación del derecho humanitario, las consecuencias negativas de las hostilidades en la población civil, demasiado a menudo llegan desde diferentes escenarios de guerra, testimonios de crímenes atroces, de verdaderos ultrajes a la persona y a su dignidad, cometidos en menosprecio de toda consideración elemental de la humanidad»[3].

Pienso especialmente en las poblaciones civiles que sufren esta Tercera Guerra Mundial de a partes que está caracterizando a la era moderna. Los recientes conflictos abiertos en muchas partes del mundo nos dejaron crudas imágenes de voluntarios asesinados cobardemente a distancia, de jóvenes secuestrados, de periodistas que buscaban echar luz sobre los hechos convertidos en blancos permanentes de los

---

[3] Francisco, Discurso a los participantes en una conferencia sobre Derecho Internacional Humanitario, 28 de octubre de 2017.

ejércitos. Donde había semillas de esperanza, se sembraron tempestades de violencia.

Quiero referirme en particular a algunas realidades específicas que muestran la crueldad de involucrar a civiles en conflictos. Estoy hablando, por ejemplo, del drama de las minas antipersonales, del delito aberrante de los niños soldados y de cualquier otro crimen de guerra que se cometa contra los indefensos y los más débiles durante un conflicto armado, incluida la destrucción de ricos patrimonios culturales de la humanidad y de lugares de culto.

Las poblaciones civiles de muchas latitudes del mundo aún buscan terminar de erradicar las minas antipersonales, que de forma indiscriminada asesinan a inocentes incluso años después de su colocación. Son heridas abiertas que les recuerdan a millones de personas las cicatrices vivientes de conflictos pasados. Se trata de artilugios siniestros que nos hacen ver no solo las dramáticas consecuencias de las guerras, sino la voracidad de quienes quieren matar a todo precio, en todo momento, en todo conflicto.

Las minas antipersonales son una estela de muerte que queda tras las ya de por sí devastadoras consecuencias de un conflicto armado. Siguen golpeando a civiles inocentes, en particular a niños, incluso muchos años después del fin de las hostilidades. Según estadísticas recientes, más de 1000 personas de todo el mundo fueron asesinadas solo en 2023 por esta forma cruel[4]. Eran chicos que paseaban con sus familias, padres que iban a trabajar, personas que cultivaban la tierra. En todos ellos había esperanza para vivir en paz tras un conflicto.

Por eso quiero explicitar mi agradecimiento a todos los que ofrecen su contribución para asistir a las víctimas

---

[4]   Cf. INTERNATIONAL CAMPAIGN TO BAN LANDMINES, Informe 2023.

y limpiar las zonas contaminadas. Hace ya más de 25 años que las asociaciones que trabajan por la erradicación de este artefacto fueron premiadas al más alto nivel mundial, pero, aun así, su lucha continúa. Necesitamos que se cumpla la legislación internacional vigente y que se avance en los objetivos para cumplir con la obligación moral, política y jurídica de poner fin a la destrucción masiva en cámara lenta que suponen estos artefactos.

Las guerras deberían terminar apenas cesan las hostilidades. La lucha por la erradicación de las minas antipersonales es una muestra de que no somos pocos quienes creemos que, incluso en algo tan monstruoso como la guerra, no deben perderse los vestigios de humanidad que nos caracterizan.

Otro de los rostros de la crueldad de los conflictos armados contra las poblaciones civiles es la captación de menores para los ejércitos. Cada niño reclutado es un golpe contra el futuro de la humanidad. Cada niño reclutado abre una herida en el cuerpo de Jesús, que nos dijo: «Todo lo que ustedes hicieron al más pequeño de mis hermanos, lo hicieron por mí» (Mateo 25). Ellos no tienen la voz para aparecer en los grandes medios para denunciar cómo su dignidad se ve violada de la forma más flagrante. Pero cada uno de ellos es un grito que se eleva a Dios y acusa a los adultos que han puesto las armas en sus pequeñas manos. No dejemos que les roben la esperanza.

Son miles los niños que, en vez de jugar en una plaza, de estar en la escuela o de crecer en el amor de un hogar participan actualmente en grupos y fuerzas armadas con distintas funciones, como combatientes, cocineros, mensajeros, espías o para explotación sexual.

Este comportamiento no es solo una ofensa grave a Dios, sino que además supone una violación de los derechos de la infancia y deshumaniza a los adultos implicados. Es una lacra social que requiere un compromiso por parte de toda la sociedad.

A los niños soldado se les roba su infancia, su inocencia, su futuro y muchas veces su propia vida. No hay tradición ni cultura que pueda avalar que los niños sean separados de sus familias para ser reclutados por las organizaciones militares que cometen contra ellos todo tipo de abusos. Detengamos este crimen abominable.

Estos sufrimientos se ven exacerbados por el hecho de que «las guerras modernas ya no tienen lugar únicamente en campos de batalla claramente definidos, ni implican únicamente a soldados. En un contexto en el que parece que ya no se respeta la distinción entre objetivos militares y civiles, no hay conflicto que no acabe de alguna manera golpeando indiscriminadamente a la población civil»[5]. A todos nos han llegado, en ese sentido, las imágenes de algunas de las guerras más recientes, como en Ucrania y en Gaza.

Las violaciones graves del derecho internacional humanitario son crímenes de guerra. No podemos permitir que se considere daño colateral el asesinato de un civil indefenso, herirlo hasta provocarle graves amputaciones o provocar la destrucción de su ambiente natural. Son víctimas cuya sangre inocente clama al cielo e implora que pongamos fin a toda guerra.

Otra de las formas de crueldad sobre la población civil se da a través de la destrucción deliberada de los patrimonios culturales de los pueblos y de la humanidad. Incluso

---

[5] Francisco, Discurso a los miembros del Cuerpo Diplomático acreditado ante la Santa Sede para la presentación de las felicitaciones de Año Nuevo, 8 de enero de 2024.

antes de las nuevas escaladas en zonas de particular riqueza histórica, veíamos con dolor que «no cesan las noticias de antiguas ciudades, con sus tesoros culturales milenarios, reducidas a escombros, de hospitales y escuelas convertidos en objeto de ataques deliberados y destruidos, privando así enteras generaciones de su derecho a la vida, a la salud y a la educación»[6]. Vemos sin embargo que, en nombre de las necesidades militares, muchas veces se disponen de todos modos ataques contra estos sitios pese a que gozan de protección garantizada por el derecho internacional humanitario. Es una grave ofensa al valor de la vida humana, que nunca debe verse comprometida por estas estrategias.

Es parte del *Catecismo* que «toda acción bélica que tiende indiscriminadamente a la destrucción de ciudades enteras o de amplias regiones con sus habitantes, es un crimen contra Dios y contra el hombre mismo, que hay que condenar con firmeza y sin vacilaciones» (CIC n. 2314).

Una imagen me golpeó mientras escribía este libro y sintetiza este drama. Es una foto que han denominado «La piedad de Gaza», en la que una mujer a la que no se le ve el rostro tiene en sus brazos el cuerpo sin vida de su sobrina de cinco años, cubierto por una sábana blanca, que acaba de ser asesinada por un bombardeo junto a otros miembros de su familia. La foto, que fue tomada en la morgue de un hospital, transmite a la vez fuerza y tristeza y nos marca el dolor inimaginable de una pérdida causada por los estragos de la guerra.

Cada vez que se produce la tragedia de un conflicto armado, es nuestro deber como hombres y mujeres de buena

---

[6] Francisco, Discurso a los participantes en una conferencia sobre Derecho Internacional Humanitario, 28 de octubre de 2017.

voluntad reiterar que el principio de humanidad, grabado en el corazón de todos los pueblos, incluye el deber de proteger a los civiles de las consecuencias de toda guerra. En sus rostros, aún lastimados por tanta maldad a su alrededor, está depositada también mucha de la esperanza de la humanidad.

Quiero también dedicar una palabra especial de consuelo a todas las madres y padres cuyos hijos han muerto como consecuencia de las guerras. Ya en la Antigüedad, el historiador Heródoto mostraba el trastorno generacional que provocan los conflictos, señalando cómo en la guerra no son los hijos quienes entierran a los padres, sino los padres los que entierran a los hijos[7]. Si las madres embarazadas son una de las grandes caras de la esperanza, que una guerra se lleve a sus hijos es una señal total de desesperanza.

Hubo esperanza en los que siguieron a Jesús tras el Calvario. Pienso en la figura de María, que recuerda la de tantas madres que han perdido a sus hijos, en particular las de los caídos en el frente de batalla y que muchas veces ni siquiera tienen la posibilidad de una sepultura digna. He estado en un cementerio de las afueras de Roma en el que hay cientos de jóvenes enterrados, algunos incluso como «NN». Allí, «he observado la edad de los caídos. La mayoría, chicos de 20 a 30 años. Vidas truncadas. Vidas que ya no tendrían un futuro. Pienso en esos padres, en las madres que recibieron la carta: Señora, tenemos el honor de decirle que su hijo murió como un héroe. Sí, sí, como un héroe, pero me lo quitaron…». Tantas lágrimas y tanta impotencia que se genera ante la locura de la guerra[8].

---

[7] Heródoto, *Historias*, I,87.
[8] Francisco, Visita al cementerio Testaccio, Roma, 2 de noviembre de 2023.

Es lo único que hermana en un conflicto: el dolor de quien ha perdido a un ser querido.

Este año tuve también la oportunidad de encontrar de forma conjunta a dos padres que habían perdido a sus hijos en uno de los conflictos actuales. Uno de cada una de las partes en guerra. Dos personas unidas por el mayor dolor para un padre. Su historia me conmovió: tras haber recibido la peor noticia, se encontraron y sembraron su dolor en la buena tierra de la esperanza para hacer crecer inmediatamente frutos de bien y de reconciliación a partir del mal. Ambos han perdido a sus hijas en esta guerra y ahora son amigos; no miran la enemistad de la guerra, sino que miran la amistad de dos hombres que se aman y que han pasado por la misma crucifixión.

Una vez más, hombres, mujeres y niños que pagan el precio de la guerra, mientras otros pocos se enriquecen con sus costos.

El costo de la guerra

Hace 60 años, el santo papa Pablo VI hizo un pedido al mundo que todavía lastima por su actualidad. «Que las naciones cesen en la carrera de armamentos y dediquen, en cambio, sus recursos y energías a la asistencia fraterna a los países en vías de desarrollo. Que toda nación, cultivando pensamientos de paz y no de aflicción y de guerra, ponga a disposición también una parte de las sumas destinadas a los armamentos a fin de constituir un gran fondo mundial destinado a subvenir a las muchas necesidades de alimento, de vestido, de casa, de cuidados médicos que afligen a tantos pueblos»[9].

---

[9] Pablo VI, Saludos a los periodistas durante el viaje a la India, 4 de diciembre de 1964.

La guerra es uno de los negocios más lucrativos desde el origen de la humanidad. Es algo que resulta paradójico cuando la civilización está cada vez más convencida de atravesar un momento de progreso sin igual. ¿Cuán orgullosos podemos estar de los puntos de producto que suben las economías de las naciones si lo hacen a costa de poner armas en las manos de nuestros hermanos para que se maten unos a otros?

Desde el punto de vista económico, la guerra atrae más que la paz, en cuanto favorece la ganancia, pero siempre de unos pocos y en detrimento del bienestar de enteras poblaciones. Hace ya más de medio siglo alguien dijo: «Haz las guerras no rentables y las harás imposibles». El dinero ganado con la venta de armas es dinero manchado con sangre inocente[10].

El recordado san Juan XXIII fue uno de los primeros en ver públicamente «con gran dolor, cómo en las naciones económicamente más desarrolladas se han estado fabricando, y se fabrican todavía, enormes armamentos, dedicando a su construcción una suma inmensa de energías espirituales y materiales. Con esta política resulta que, mientras los ciudadanos de tales naciones se ven obligados a soportar sacrificios muy graves, otros pueblos, en cambio, quedan sin las ayudas necesarias para su progreso económico y social» (PT 109).

Es triste cuando esta carrera sin frenos por el armamentismo se justifica en una supuesta necesidad de garantizar la paz a través de más armas, con cada vez mayor poder de destrucción. Así, llevamos más de medio siglo encerrados

---

[10] Cf. FRANCISCO, Discurso al Consejo de Seguridad de las Naciones Unidas, 14 de junio de 2023.

en un círculo vicioso en el que si un país o bloque compra más armas, el otro hace lo mismo. Ese juego de espejos de destrucción se vuelve aún más intolerable cuando hablamos de la escalada sin fin en la posesión de armamento atómico y nuclear.

Los padres conciliares plantearon hace más de 50 años que «la carrera de armamentos, a la que acuden tantas naciones, no es camino seguro para conservar firmemente la paz, y que el llamado equilibrio de que ella proviene no es la paz segura y auténtica. De ahí que no solo no se eliminan las causas de conflicto, sino que más bien se corre el riesgo de agravarlas poco a poco» (GS 81).

San Juan Pablo II se preguntó luego en su gran encíclica social: «¿Cómo justificar el hecho de que grandes cantidades de dinero, que podrían y deberían destinarse a incrementar el desarrollo de los pueblos, son, por el contrario, utilizados para el enriquecimiento de individuos o grupos, o bien asignadas al aumento de arsenales, tanto en los países desarrollados como en aquellos en vías de desarrollo, trastocando de este modo las verdaderas prioridades?» (SRS 10).

Este mercado de la muerte se torna aún más perverso cuando los países desarrollados buscan deshacerse de viejos arsenales y coaccionan a los más pobres a comprárselos. Muchas veces incluso estos últimos deben recurrir a créditos de los vendedores para hacerse de armas vetustas, con las que ni siquiera podrían hacer frente a una invasión de los interesados en hacerse de sus riquezas. Luego, esos préstamos son exigidos con intereses leoninos como si hubieran servido para la creación de escuelas, hospitales o infraestructuras. Otras veces, la venta de armas de un determinado fabricante es usada por los países en donde operan esas fábricas como una forma de disciplinamiento geopolítico que sirve de marco al sometimiento financiero. No son solo las armas, es el sistema el que mata.

Nos hallamos así ante un fenómeno extraño: mientras las ayudas económicas y los planes de desarrollo tropiezan con el obstáculo de barreras ideológicas insuperables, arancelarias y de mercado, las armas de cualquier procedencia circulan con libertad casi absoluta en las diversas partes del mundo. En algunos sitios se venden hasta en los centros comerciales.

En muchos casos, la proliferación de guerras responde además a la necesidad de crear campos de prueba reales de nuevos armamentos, en los que se invierten millones que podrían de otro modo ser usados para promover un verdadero desarrollo humano integral. Pueblos y ciudades enteras usados como «vidrieras» para los fabricantes de muerte.

Recuerdo cómo hace ya más de medio siglo estos fabricantes de muerte fueron interpelados por uno de los últimos ganadores del Premio Nobel de Literatura, el cantautor Bob Dylan, con su canción *Masters of War* (Señores de la guerra), en la que habla de quienes construyen armas, aviones de muerte, bombas y luego se esconden «detrás de los escritorios». Un texto importante que invito que escuchen con atención.

Es por eso que «para decir no a la guerra es necesario decir no a las armas. ¡Cuántas masacres debidas a las armas ocurren en un silencio ensordecedor, a escondidas de todos!»[11].

Reitero que «la gente, que no quiere armas sino pan, que le cuesta seguir adelante y pide paz, ignora cuántos fondos públicos se destinan a los armamentos. ¡Y, sin embargo,

---

[11] Francisco, Mensaje *Urbi et orbi*, 25 de diciembre de 2023.

deberían saberlo! Que se hable sobre esto, que se escriba sobre esto, para que se conozcan los intereses y los beneficios que mueven los hilos de las guerras»[12]. Por eso mismo, necesitamos que salgan a la luz las escandalosas cifras del comercio de armas.

En 2023, el gasto en armamento experimentó una suba por noveno año consecutivo, alcanzando un pico sin precedentes de 2,443 billones de dólares, lo que representa el 2,3 % del PBI mundial[13]. Es un aumento del 6,8 % frente a 2022 y la mayor suba de los últimos 15 años. Para hacernos una idea, esta cifra es mil veces superior al presupuesto total de la Cruz Roja Internacional, con sus 20 000 trabajadores en todo el mundo.

Según algunos expertos, frenando el gasto en armas de un año podríamos paliar el hambre a nivel global y dar educación a quien la necesita. Ante este escándalo, siguiendo los pasos de Pablo VI, ya he propuesto que «una decisión valiente sería constituir con el dinero que se usa en armas y otros gastos militares un Fondo mundial para poder derrotar definitivamente el hambre y ayudar al desarrollo de los países más pobres»[14]. Hice mi pedido cuando la humanidad atravesaba lo peor de la pandemia. La evolución del gasto mundial en armamentos desde entonces me ha esclarecido sobre cuáles son las principales preocupaciones de quienes ocupan cargos de responsabilidad. Renuevo entonces mi llamado para que, en vez de seguir fabricando herramientas de muerte, se establezcan mecanismos que ayuden a evitar las guerras y la emigración de tantos hermanos nuestros y sus

---

[12] *Ibid.*

[13] SIPRI, Yearbook 2024, 22 de abril de 2024.

[14] FRANCISCO, Videomensaje para la Jornada Mundial de la Alimentación, 16 de octubre de 2020.

familias que se ven obligados a abandonar sus hogares y sus países en busca de una vida más digna (cf. FT 189, 262). El gasto armamentístico es un escándalo en un mundo donde la gente sigue muriendo de hambre y que pone en juego la vida de los pueblos pobres y la paz del mundo.

Quiero traer las palabras de la santa Madre Teresa de Calcuta al recibir el Premio Nobel de la Paz en 1979 para que sirvan de inspiración a todos cuantos tienen la capacidad de decisión para que podamos frenar esta carrera hacia la autodestrucción: «En nuestras familias no necesitamos bombas y armas de fuego para destruir la paz, sino vivir unidos, amándonos unos a otros, traer esa paz, esa alegría, esa fortaleza de la presencia de cada uno de nosotros en el hogar. Y entonces seremos capaces de superar todo el mal que hay en el mundo»[15].

Del desarme integral a la paz integral

«Dichosos los que trabajan por la paz, porque Dios los llamará hijos suyos…» (Mateo 5,9). Jesús llama así a los pacíficos, ¿cómo, entonces, se puede apoyar la idea de ir a la guerra desde una perspectiva cristiana? Salvo para esos pocos fabricantes de armas, la guerra es siempre una derrota en la que todos pierden.

Viene de las escrituras la imagen en la que Isaías, que profetizaba al Príncipe de la paz, escribió acerca de un día en el que «no levantará la espada una nación contra otra»; de un día en el que los hombres «no se adiestrarán más para la guerra», sino que «con sus espadas forjarán arados y podaderas con sus lanzas» (Isaías 2,4).

---

[15] Cf. Madre Teresa de Calcuta, Discurso de aceptación del Premio Nobel, Oslo, 11 de diciembre de 1979.

El espíritu jubilar del Año Santo que se avecina puede iluminarnos para ser peregrinos de esperanza y ponernos manos a la obra para que a toda la humanidad llegue ese día que describe el profeta.

La paz, como objeto de nuestra esperanza, es un bien precioso al que aspira toda la humanidad, un horizonte tan próspero que vale la pena el esfuerzo del camino hacia ella. Esperar en la paz es una actitud humana que contiene una tensión existencial. En este sentido, la esperanza es la virtud que nos pone en camino, nos da alas para avanzar, incluso cuando los obstáculos parecen insuperables como muchas veces percibimos a diario[16].

Mi predecesor Benedicto XVI nos recordó con razón que «la paz no es un sueño, no es una utopía: la paz es posible»[17].

Tenemos esperanza en poder revertir el clima de enemistad que hay en el mundo. Necesitamos cambiar la forma de relacionarnos entre los países para que los imperialismos, el miedo al otro y el afán de lucro de los fabricantes de armas se hagan a un lado y abran paso a la confianza.

Entiendo que para algunos estas palabras pueden sonar a utopía, especialmente si leemos las noticias que llegan desde todos los rincones del planeta. Pero para evitar la autodestrucción de la humanidad debemos frenar la carrera a los armamentos, que detrae recursos para luchar contra el hambre y la pobreza.

Hace más de medio siglo, un dirigente proclamó con razón que «la humanidad deberá poner fin a la guerra, o la guerra será quien ponga fin a la humanidad». Muchas

---

[16] Cf. FRANCISCO, Mensaje para la LIII Jornada de la Paz, 2020.
[17] Cf. BENEDICTO XVI, Mensaje para la XLVI Jornada de la Paz, 2013.

guerras se han sucedido desde entonces: no podemos seguir arriesgándonos a que la próxima sea la que termine por acabar con nosotros.

Es hora de tomar real conciencia de que «la guerra puede terminar, sin vencedores ni vencidos, en un suicidio de la humanidad; por lo cual hay que repudiar la lógica que conduce a ella, la idea de que la lucha por la destrucción del adversario, la contradicción y la guerra misma sean factores de progreso y de avance de la historia» (DSI 438).

El santo Juan XXIII, hace más de medio siglo, nos recordaba que «una paz internacional verdadera y constante no puede apoyarse en el equilibrio de las fuerzas militares, sino únicamente en la confianza recíproca» (PT 113).

Ni en una pareja, ni en un trabajo y menos entre países: ninguna relación sana se puede construir en base al miedo. Debemos superar la lógica de construir vínculos basados en el terror al otro o en la violencia. ¿Cuán sostenible es la ilusión de un supuesto equilibrio que se termina rompiendo apenas una de las dos partes vuelve a comprar armas? Necesitamos pasar a una estabilidad concreta basada en la confianza mutua. Soñemos juntos. Pasemos de una lógica de la confrontación a una cultura del encuentro; de la rivalidad a la fraternidad.

Hay una categoría que podría describir plenamente el punto al que deberíamos llegar y es la de «desarme integral». Un desarme no solo de nuestros arsenales, sino también, en primer lugar, de nuestros corazones y sentimientos. Un punto que nos permita frenar el derroche de energías espirituales y recursos económicos que se destinan hoy en día a las lógicas confrontativas y que bien podrían emplearse mejor en la promoción de la vida, del medio ambiente y del desarrollo humano integral a escala planetaria.

Con este enfoque podremos cambiar de raíz el problema de las disputas internacionales. Muchos conflictos bélicos empiezan por una pérdida recíproca de confianza, un nexo fundamental entre países que debe construirse con paciencia y acciones concretas. Debemos preguntarnos si la carrera armamentista ayuda a cubrir el vacío generado por la falta de confianza que muchas veces desencadena los conflictos o si, por el contrario, la agrava. Por otro lado, una vez que logramos reestablecer la confianza, ¿cómo hacemos que sea sostenible y duradera en el tiempo?

Para construir esa confianza que el mundo reclama, especialmente en momentos de guerras como el actual, una de las alternativas es apostar por más y mejor multilateralismo.

El emblema principal del multilateralismo de los últimos cien años, la Organización de las Naciones Unidas, se construyó sobre una Carta que buscó plasmar el rechazo a los horrores que la humanidad experimentó durante las dos guerras del siglo XX. Aunque la amenaza de perpetuar los horrores continúa, el mundo actual no es el mismo, por lo que es necesario repensar estas instituciones para que den respuesta a la nueva realidad existente y sean fruto de un consenso lo más amplio posible.

Necesitamos poner en marcha el deseo de quienes hace ya más de medio siglo vislumbraban la necesidad de «que la Organización de las Naciones Unidas pueda ir acomodando cada vez mejor sus estructuras y medios a la amplitud y nobleza de sus objetivos» (cf. PT 145).

Confianza y esperanza son el horizonte de las relaciones internacionales que debemos buscar promover dentro de los organismos multilaterales ya creados. Es sobre esta base que luego se pueden buscar y encontrar vías eficaces para emprender las necesarias reformas, a las que ya me he referido, y algunas de las cuales ya están en marcha, como el replanteamiento y la ampliación del Consejo de Seguridad, la cuestión del veto, el papel más incisivo de la Asamblea General, la participación de la sociedad civil, del mundo de la cultura y del sector privado de forma adecuada (cf. FT 173-175).

Es hora de reafirmar que «ha llegado el tiempo para decir seriamente que las guerras no son justas, solo la paz es justa; una paz estable y duradera, no construida sobre el equilibrio tambaleante de la disuasión, sino sobre la fraternidad que nos une»[18].

Solo el diálogo podrá llevarnos a un punto de negociación en el que las potencias que de alguna forma han colonizado los principales organismos internacionales tomen conciencia de que, ante el abismo de la guerra, la única salida es global. Más que nunca, en momentos en que las disputas amenazan a niveles inéditos nuestra propia existencia y la de nuestra casa común, tenemos que entender que nadie se salva solo.

Tenemos la profunda convicción de que las diferencias que eventualmente surjan entre los pueblos no deben resolverse con las armas, sino por medio de negociaciones y convenios. Y, además del diálogo, debemos apelar a la fraternidad entre los pueblos, «fundamento y camino para la paz»[19].

Una experiencia a tener en cuenta es el diálogo interreligioso, prueba concreta de la fraternidad entre pueblos y naciones. En mi viaje a Mongolia el año pasado, subrayé que «las tradiciones religiosas, en su originalidad y diversidad, comportan un formidable potencial de bien al servicio

---

[18] Francisco, Mensaje al Consejo de Seguridad de Naciones Unidas, 14 de junio de 2023.

[19] Francisco, Mensaje para la XLVII Jornada Mundial de la Paz 2014.

de la sociedad. Si quien tiene la responsabilidad de las naciones eligiera el camino del encuentro y del diálogo con los demás, contribuiría sin duda de manera determinante a poner fin a los conflictos que siguen causando sufrimiento a tantos pueblos»[20].

En un marco actual de creencia casi absoluta en el progreso tecnológico y en el dios mercado, las religiones tienen para ofrecer una armonía basada en la dimensión trascendente que nos recuerda día a día que estamos bajo un mismo cielo y que somos todos hermanos. Ante una humanidad que se «encuentra desorientada por miopes búsquedas de lucro y bienestar y a menudo también es incapaz de volver a encontrar el hilo conductor»[21], las religiones tenemos para ofrecer sabiduría milenaria al servicio de la fraternidad y el respeto de la vida humana.

Un primer aporte fundamental que las religiones tienen para ofrecer al mundo de hoy «es el de ser capaces de mostrar la fecundidad del diálogo constructivo para encontrar, entre todos, las mejores soluciones a los problemas que nos afectan a todos»[22].

Además del diálogo con otras religiones, debemos profundizar los caminos de unidad con nuestros hermanos cristianos y apostar siempre a un ecumenismo de paz que se enfoque cada vez más en los proyectos que nos unen. En ese plano, durante el próximo Jubileo se conmemorará un aniversario muy significativo para todos los cristianos, los 1700 años de la celebración del primer gran concilio ecuménico de Nicea,

---

[20] FRANCISCO, Encuentro ecuménico e interreligioso en el Teatro Hun, 3 de septiembre de 2023.

[21] *Ibid.*

[22] FRANCISCO, Mensaje al Foro Interreligioso del G20, 26 de septiembre de 2018.

un hito que debemos tomar como un nuevo impulso para no bajar los brazos en el camino hacia la unidad visible.

La fraternidad es un trabajo artesanal que requiere pasión y paciencia, experiencia y amplitud de miras, tenacidad y dedicación, diálogo y diplomacia. Si apostamos por ella, puede volverse el camino de esperanza que necesitamos para transitar la vía definitiva a la paz.

Hacia una verdadera paz integral

El desarme integral es el punto de inicio. La fraternidad es el camino. La paz integral es la aspiración. El desarrollo, como dijo con valentía el papa Pablo VI, «es el nuevo nombre de la paz» (PP 76).

Las diferencias económicas, sociales y culturales demasiado grandes entre los pueblos provocan tensiones y discordias y ponen la paz en peligro (cf. PP 76). Si de verdad queremos una paz duradera, integral y que no sea solo la mera ausencia de conflictos armados, no encontraremos en ningún lugar una mejor forma de lograrla que combatir la miseria y luchar contra la injusticia. La paz, al igual que la esperanza, es también una flor frágil que debemos custodiar día a día. Servir la esperanza quiere decir crear puentes entre las civilizaciones[23].

La paz solo será fruto de la fraternidad y del desarrollo integral. Es difícil pensar en un escenario global de paz sin la realización de la justicia social e internacional, en un contexto en el que la enemistad prime sobre la fraternidad y que se busquen más las conquistas individuales que los sueños colectivos.

---

[23] Cf. FRANCISCO, Audiencia general 3 de abril de 2019.

La esperanza es un camino a la paz. Hoy, como hace algunos años, su función es también «mantener el diálogo siempre abierto e introducir una intención fraternal en los debates más ásperos»[24].

A las puertas del Año Santo, no podemos negar la relación intrínseca entre la paz y la esperanza, como recordé durante el Jubileo extraordinario de la Misericordia: «Donde nace Dios, nace la esperanza: él trae la esperanza. Donde nace Dios, nace la paz. Y donde nace la paz, no hay lugar para el odio ni para la guerra»[25].

En el mundo en que vivimos, sin embargo, la pasión por la política comunitaria y el multilateralismo parece cosa del pasado: da la sensación de que asistimos al triste ocaso del sueño coral de la paz, mientras los solistas de la guerra se hacen espacio[26].

La paz integral a la que aspiramos se construye entre todos. La paz que nos merecemos se declina también en conjunto: «Paz a quien ha sido herido o ha perdido a un ser querido debido a viles actos de terrorismo que han sembrado miedo y muerte en el corazón de tantos países y ciudades. Paz –no de palabra, sino eficaz y concreta– a nuestros hermanos y hermanas que están abandonados y excluidos, a los que sufren hambre y los que son víctimas de violencia. Paz a los prófugos, a los emigrantes y refugiados, a los que hoy son objeto de la trata de personas. Paz a los pueblos que sufren por las ambiciones económicas de unos pocos y la avaricia voraz del dios dinero que lleva a la esclavitud. Paz a los que están marcados por el

---

[24] Paul Ricoeur, *Historia y verdad*, Encuentro, Madrid 1990, 53.
[25] Francisco, Mensaje *Urbi et orbi*, 25 de diciembre de 2015.
[26] Cf. Francisco, Conferencia de prensa al regreso de Hungría, 30 de abril de 2023.

malestar social y económico, y a los que sufren las consecuencias de los terremotos u otras catástrofes naturales»[27].
Hace 30 años, la valentía de un grupo de personas permi-
tió otorgar de forma compartida el Premio Nobel a los esfuerzos que se hacían por la aún hoy tan necesaria paz en Medio
Oriente. Quiero evocar algunas palabras que pronunciaron
los ganadores que pueden servirnos de guía para esa construcción que tenemos por delante como humanidad.

En Oslo, Simón Peres recordó al mundo que «hemos
demostrado que los agresores no necesariamente resultan
vencedores, pero aprendimos que los vencedores no necesariamente obtienen la paz». Isaac Rabin, al recibir el
galardón, planteó que «solo existe un medio radical de san-
tificar vidas humanas. Ni blindajes, ni tanques, ni aviones,
ni fortificaciones de hormigón. La única solución radical
es la paz». Yasir Arafat, a su turno, sostuvo que «el proceso de paz no es solo un proceso político, es una operación
integrada en la que la conciencia nacional, el desarrollo
económico, científico y tecnológico desempeñan un papel
importante, así como la fusión cultural, social y creativa
desempeñan papeles esenciales que son la esencia misma
del proceso de paz y lo fortalecen»[28].

Un hombre visionario dijo una vez que la mejor forma
de predecir tu futuro es crearlo. Es en nuestra mente donde
nacen las ideas macabras para la guerra y se da lugar a la
desesperanza. Que sean entonces nuestros corazones los
que hagan nacer las vías definitivas para la paz y se abra
paso a la esperanza.

---

[27] Francisco, Mensaje *Urbi et orbi*, 25 de diciembre de 2016.
[28] Cf. Discursos de aceptación del Premio Nobel, Oslo, 10 de diciembre de 1994.

5

EL ROSTRO DE ESPERANZA
DE UN ABUELO CON SU NIETO

Las palabras de los abuelos tienen algo de especial para los jóvenes. Ellos lo saben. Nosotros, los ancianos, también. Pienso a diario en lo que mi abuela Rosa me dejó por escrito el día de mi ordenación sacerdotal. Me acompaña siempre, dentro del breviario, y me hace bien: «Que estos mis nietos, a quienes he dado lo mejor de mi corazón, tengan una vida larga y feliz, pero si en algún día de dolor, la enfermedad o la pérdida de una persona amada los llena de desconsuelo, que recuerden que un suspiro en el Tabernáculo, en donde está el mártir más grande y augusto, y una mirada a María al pie de la Cruz, pueden hacer caer una gota del bálsamo sobre las heridas más profundas y dolorosas».

Fue ella quien me enseñó a rezar. La quería mucho, me pasaba días enteros en su casa. En esos diálogos entre un joven y su abuela se hacía carne la esperanza. En ese vínculo vemos otro de los rostros de la virtud.

Cualquiera de nosotros –jóvenes, adultos o ancianos– nos hemos topado en algún momento de nuestras vidas con alguna «abuela» mayor que nos daba consejos. Hagamos memoria: cuántas veces hemos escuchado palabras sabias y valientes de personas de las que no esperábamos que calasen tan hondo en nuestro interior. Y sin embargo ahí está la sabiduría de Dios, «camuflada» en la ternura de una abuela. Saben decir la palabra justa, de esperanza, porque tienen la experiencia de la vida. Han sufrido mucho, y se han caído y levantado mil veces en el camino.

Es una unión de amor y ternura. Los jóvenes, profetas del futuro, no deben olvidar sus raíces. La historia de la que provienen está viva en los ancianos, esos soñadores nunca cansados que les trasmiten sus experiencias, pero sin poner palos en la rueda para que hagan su propio camino.

El mundo necesita cada vez más de este vínculo, de esta alianza, como me gusta llamarla. Es mutuamente enriquecedor tomarse el tiempo de la escucha, la caricia, la palabra. Cada minuto de ese encuentro entre jóvenes y ancianos jamás será tiempo perdido.

«Y sucederá que después de esto, derramaré mi espíritu sobre toda carne. Y sus hijos y sus hijas profetizarán, sus ancianos soñarán sueños, sus jóvenes verán visiones» (Joel 2,28). El profeta nos recuerda en ese pasaje que los sueños y visiones de futuro de ambos van de la mano. Es un encuentro que, cuando se basa en la escucha amorosa y la ternura, genera siempre un intercambio recíproco. Si miramos a nuestro alrededor, diría incluso que es algo a contracorriente de una civilización en la que predomina una cultura del descarte que propone cada vez más aislamiento de los jóvenes en el mundo virtual y de los ancianos en las residencias.

El mundo necesita de esta alianza. El futuro del planeta y de la civilización depende en buena parte de que se puedan seguir dando estos encuentros gratuitos y de amor. Si no son los jóvenes, ¿quiénes van a tomar los sueños de los mayores y llevarlos adelante? Para eso es necesario que los ancianos sigamos soñando, ya que «en nuestros sueños de justicia, de paz y de solidaridad está la posibilidad de que nuestros jóvenes tengan nuevas visiones, y juntos podamos construir el futuro»[1].

Los abuelos sueñan cuando los nietos siguen adelante y los nietos tienen coraje cuando toman sus raíces de los ancianos.

Cuando un joven escucha a un adulto mayor se transmite mucho más que una anécdota o una historia. Se pasa la posta de la esperanza en un mundo mejor. San Pablo VI planteó la importancia de «que, en cada momento de su historia, la generación que nace escuche de algún modo la esperanza de las generaciones precedentes, la esperanza misma de la Iglesia, que es la de transmitir sin fin el don de Dios, Verdad y Vida» (GD 57).

Quienes nos precedieron atravesaron muchos momentos buenos y otros más duros. En todas esas experiencias se fue formando una memoria individual que nos sirve en nuestra vida cotidiana para afrontar tal o cual situación, pero también tenemos en ellas una memoria colectiva que aún vive y puede ayudar a la entera familia humana. Esta memoria es un pilar para construir un mundo más fraterno y más acogedor. Podemos, sí, ir a buscar en los libros muchos de los hechos del pasado reciente. Pero no olvidemos que tenemos siempre cerca una persona que los vivió, que lloró, amó, se alegró y soñó mientras sucedía lo que hoy consideramos historia. Y lo único que necesitamos para que nos llegue lo que tiene para contarnos es un oído atento y un corazón abierto para recibir.

---

[1] FRANCISCO, Mensaje para la Primera Jornada Mundial de los Abuelos y de los Mayores, 2021.

El mundo en el que estamos se ha hecho sobre la base de los sueños que nuestros abuelos pudieron cumplir y también sobre los que se truncaron o no llegaron a soñarse. Porque con sus sueños las personas mayores nos llevan a horizontes que no podemos imaginar. Hay en ellos una riqueza de lo vivido que nos ofrecen como experiencia de vida.

Si a esos sueños-experiencia les sumamos las visiones-profecía de los jóvenes, el mundo va adelante, avanza. No se trata de empezar todo de cero como si cada generación fuera la primera en habitar el planeta. Tampoco es que los jóvenes de hoy sean los primeros en probar un camino y equivocarse, luego ir por otro y volver a fallar. Por eso es importante reunirlos: al anciano que da sus sueños y al joven que los recibe y puede transmitirlos, con vistas al futuro, mientras hace su propio camino.

En una patria, en una familia, en una sociedad, si estamos aquí es porque hubo quienes soñaron. Y antes de ellos otros. Es urgente que los ancianos crean aún más en sus mejores sueños y que los jóvenes los usen como impulso para comprometerse con valentía en la historia. Es la audacia de la esperanza. Es una visión compartida, que podemos hacer crecer fomentando los espacios de diálogo y encuentro.

Ese diálogo entre generaciones es un ancla en el presente para poder mirar al pasado y aprender de la historia y, al mismo tiempo, ojear un futuro en el que florezcan sueños, profecías y esperanzas. Abuelos soñadores en alianza con jóvenes profetas. Ese es el rostro de la esperanza para un mañana.

Muchos jóvenes parecen a veces perdidos en los laberintos que les fabrica el mundo de hoy, lleno de ansiedades, inseguridades, desconfianzas y miedos. Pero pueden estar seguros de que en el encuentro con los mayores tendrán la paz que necesitan para mirar hacia arriba y les será más fácil salir. Como hizo Ariadna según el mito del minotauro, muchas veces son los abuelos quienes con su experiencia tienen más a mano el hilo para que encontremos una salida a nuestros problemas.

Si los ancianos siguen soñando, los jóvenes pueden seguir inventando. Por eso es importante que los jóvenes tengan una mirada hacia el futuro y también al pasado. Si solo miran para lo que viene se quedan sin sustento; deben entrar en diálogo con sus raíces, como el árbol, que de ellas saca la fuerza para dar fruto. Y eso lo da solamente el encuentro con los ancianos.

En la exhortación apostólica *Christus vivit*, publicada tras el Sínodo que reunió a obispos con jóvenes de todo el mundo, recordé que «los ancianos tienen sueños construidos con recuerdos, con imágenes de tantas cosas vividas, con la marca de la experiencia y de los años. Si los jóvenes se arraigan en esos sueños de los ancianos logran ver el futuro, pueden tener visiones que les abren el horizonte y les muestran nuevos caminos. Pero si los ancianos no sueñan, los jóvenes ya no pueden mirar claramente el horizonte» (CV 193).

En algún momento de su juventud, nuestros abuelos soñaron un futuro que derivó en nuestros padres. Y ellos a su vez nos soñaron a nosotros y un futuro lleno de amor y de esperanza. Todos somos el sueño cumplido de alguien que nos precedió. Sigamos, ancianos y jóvenes, soñando todos juntos para conservar una herencia de humanidad que luego podamos transmitir. Quienes nos precedieron nos dan esa esperanza, quienes nos continúen nos los agradecerán.

No pongamos caras largas cuando el abuelo empieza a contar una anécdota que ya escuchamos alguna otra vez.

Parte de la belleza de este encuentro entre jóvenes y adultos mayores es ir gestando esta alianza en momentos en los que los ancianos nos regalan largas historias, de las que a veces desconfiamos algún que otro detalle, pero que siempre tienen una joya oculta, alguna clave de su experiencia, un recuerdo invaluable, un detalle en el que nos sentimos identificados.

Sí, lo sé, son historias más largas que los pocos caracteres a los que nos acostumbraron las redes sociales y casi siempre duran más que un *reel* [vídeo corto en redes sociales] con el que nos divertimos. Pero tenemos que ofrecerles nuestra paciencia y escucha y ellos nos regalan su sabiduría y experiencia. No podemos pretender que los formatos cada vez más estrechos del mundo de las comunicaciones encorseten la memoria viva de quienes nos precedieron. Y lo más importante para los jóvenes: ese encuentro es siempre una buena oportunidad para separarse al menos un momento del teléfono móvil. Un abuelo nunca se lo va a decir, pero queda un poco feo si están relojeando las últimas actualizaciones mientras lo escuchan.

Pienso en especial en dos temas para el diálogo intergeneracional sobre el que estamos llamados a construir esta nueva alianza.

Uno es el cuidado de la casa común. El planeta que habitamos es de por sí «un préstamo que cada generación recibe y debe transmitir a la generación siguiente» (FT 178). Los que nos precedieron nos lo dan para que lo custodiemos y luego lo pasemos a las generaciones que nos sucederán.

Los jóvenes que hoy se movilizan por todo el mundo marcándonos el camino se sentarán en un mañana a transmitir ese amor por la Tierra a la generación siguiente. Nosotros, los que hoy ya tenemos mucho más que un par de canas, hemos fallado en la custodia de la creación y por eso apreciamos el liderazgo de las nuevas generaciones, que no quieren repetir nuestros errores y se están esforzando para dejar la casa común mejor que cuando la recibieron.

He seguido con atención las movilizaciones masivas de estudiantes en varias ciudades y sé de algunas de las acciones en las que se esfuerzan por un mundo más justo y atento a la salvaguarda del ambiente. Lo hacen con preocupación, entusiasmo y, sobre todo, con sentido de responsabilidad ante el urgente cambio de rumbo que nos imponen las dificultades derivadas de la crisis ética y socioambiental actual. El tiempo está a punto de agotarse, no nos queda demasiado para salvar el planeta y ellos van, salen y ponen el cuerpo. Y no lo hacen solo por ellos, lo hacen por nosotros y por los que vendrán después.

Hay varios ejemplos de cómo este diálogo intergeneracional puede desembocar en una alianza aplicada al cuidado de la casa común. Pienso en algunos proyectos que se preocupan por transmitir los conocimientos y valores de la producción local de alimentos que tenían nuestros abuelos para que, aplicados con los medios actuales, se avance en una mayor defensa y promoción de la biodiversidad alimentaria, con el deseo de volver a la tierra y cultivarla sin explotarla, con técnicas y métodos completamente ecológicos.

En un mundo cada vez más acelerado y de «usar y tirar», estas iniciativas ayudan a que la gente no pierda su conexión con la comida y las tradiciones locales asociadas, una tendencia cuyo contraste no requiere necesariamente una regresión, sino una recuperación de la relación entre la nutrición y los vínculos sociales. En Italia, Carlo Petrini y su movimiento por una *slow food* han dado grandes pasos en esta dirección.

Además del provecho que el mundo puede sacar de esta nueva alianza en lo que se refiere al cuidado del planeta, sin duda un mayor encuentro entre jóvenes y ancianos redundará en que haya menos chances de que se repitan las tragedias bélicas y humanitarias que marcaron el siglo pasado.

Quien no conoce su historia está condenado a repetirla. Y nadie mejor que nuestros adultos mayores para darnos el testimonio vivo de los sucesos que no queremos que vuelvan a darse en el planeta. Pensemos en lo que estamos viviendo en estos momentos en Europa, que hace casi tres años es el epicentro de esta Tercera Guerra Mundial de a partes. Es el continente que el siglo pasado vivió 30 años sumido en guerras fratricidas y luego experimentó dolorosas separaciones de pueblos hermanos al caer el Muro de Berlín. No puede ser casualidad que estos nuevos vientos de guerra resoplen en el «Viejo Mundo» cuando quedan cada vez menos testigos directos de la barbarie de los totalitarismos o, peor aún, cuando se los tiene marginados, como piezas de museos que no pueden aportar sus valiosos testimonios –que muchos llevan incluso marcado en la piel– a algunos de los debates que hoy vuelven a marcar la agenda política como hace poco más de 100 años.

Recuerdo una vez más que «necesitamos mantener viva la llama de la conciencia colectiva, testificando a las generaciones venideras el horror de lo que sucedió, que despierta y preserva de esta manera el recuerdo de las víctimas, para que la conciencia humana se fortalezca cada vez más contra todo deseo de dominación y destrucción» (FT 249).

Muchos de nosotros hemos pasado por los años posteriores a las grandes guerras y llevamos en el corazón la hoja de ruta para transmitir a los jóvenes de hoy cuán necesarias fueron la fraternidad y la amistad social para recomponer lazos que se habían roto en nuestras sociedades. El recuerdo de un conflicto bélico es algo muy doloroso, que muchas veces revictimiza a quienes lo han vivido en carne propia, pero se siente alivio al transmitirlo a las nuevas generaciones para que puedan aprender de él sobre el valor de la paz. A los jóvenes del mundo les decimos: nuestro deber es recordar lo que ocurrió, nuestro compromiso es transmitir, nuestro sueño es su bienestar.

En mi caso, supe de las guerras por mi abuelo, que combatió en la Primera Guerra, en el Piave, y su historia fue una gran enseñanza. Así aprendí sobre el daño que genera en la vida de las personas, además de algunas canciones y la inventiva para crear recetas en medio de los racionamientos de la época. Esa experiencia que me transmitió me sirvió luego para tener empatía con los inmigrantes que llegaron a Buenos Aires durante la Segunda Guerra Mundial, en medio del éxodo de miles de personas que buscaban alejarse del conflicto y empezar una nueva vida en una región que casi no estuvo involucrada[2].

Creo que es importante que los jóvenes conozcan los efectos de las guerras del siglo pasado para no caer en el mismo error. Que sepan cómo se fueron gestando los otros conflictos que sacudieron a la humanidad y que hoy corren el riesgo de revivirse.

Me viene a la mente también la experiencia de Japón, país golpeado con dos bombas atómicas. Estuve allí en 2019, visité el Monumento de la Paz en Hiroshima y pensé que no podemos permitir que las nuevas generaciones pierdan la

---

[2] Cf. J. M. Bergoglio-Papa Francisco, *Vida. Mi historia a través de la Historia*, Harper Collins, Madrid 2024.

memoria de todo lo que ha ocurrido. Se necesita esa memoria viva que pase de generación en generación para todos juntos construir un «Nunca Más» definitivo. Pienso también en mi país, en donde las Abuelas y Madres de Plaza de Mayo siguen, a pesar de la edad y de todo lo que les ha tocado luchar y transitar en su vida, caminando y encontrándose con jóvenes para que no se vuelvan a repetir los horrores y errores del pasado.

Los más viejos también podemos transmitir muchas gestas y momentos positivos basándonos en las experiencias que guardamos en la memoria. Abramos nuestras mentes y corazones no solo al recuerdo de los horrores, sino también a la memoria del bien. Es muy sano (cf. FT 249). En nuestros mayores hay muchas historias de dignidad que esperan ser contadas. Relatos de pequeños o grandes gestos de quienes optaron por la solidaridad, el perdón, la fraternidad. Y esa memoria también es un ancla en la que los jóvenes pueden radicar su esperanza.

«Acuérdense de quienes los han dirigido y les han anunciado el mensaje de Dios; mediten en cómo han terminado sus vidas, y sigan el ejemplo de su fe» (Hebreos 13,7). La sabiduría de nuestros abuelos es la herencia que debemos recibir. Un pueblo que no la custodia ni respeta no tiene futuro porque ha perdido la memoria, que nos mantiene vivos en cuidar de nuestras raíces. Toda esperanza, además, debe radicarse en una memoria.

Los ancianos, aunque a veces tengamos un caminar más lento por los achaques de la edad, siempre estamos de alguna forma un paso adelante: ya pasamos por lo que los jóvenes están pasando. Y, sin querer dar cátedra, podemos brindarles nuestra experiencia de lo que ellos viven por primera vez. Si combinamos el honor que son nuestras canas con la fuerza que portan los jóvenes (Proverbios 20,29) tendremos el empuje para entre todos encarar el futuro de la mejor manera posible.

En el libro del Éxodo, Dios invita a Moisés a realizar señales y prodigios delante del faraón: «Para que puedas contar y grabar en la memoria» (Éxodo 10,2). El diálogo entre ancianos y jóvenes siempre enriquece la memoria de un pueblo. A través de los adultos mayores nos reconectamos con nuestras raíces. Y tener raíces es estar conectado a una historia, a una familia, a una cultura. Es sabernos parte de algo más grande que nosotros, que nos precede y nos continuará.

Jóvenes y ancianos salen ganando de este encuentro de varias maneras. Por ejemplo, «la amistad con una persona anciana ayuda al joven a no reducir la vida al presente y a recordar que no todo depende de sus capacidades. Para los más ancianos, en cambio, la presencia de un joven les da esperanza de que todo lo que han vivido no se perderá y que sus sueños pueden realizarse»[3].

Pasar largos ratos compartiendo historias no significa que los jóvenes deban seguir al pie de la letra todo lo que decimos los viejos. Nosotros fuimos contestatarios, tuvimos espíritu crítico cuando teníamos la edad de quienes nos escuchan ahora. Y ese impulso de preguntar y cuestionar hace que se trate de un intercambio vivo, que no queda reducido a una *lectio magistralis*. Se trata, en definitiva, «de estar abiertos para recoger una sabiduría que se comunica de generación en generación, que puede convivir con algunas miserias humanas, y que no tiene por qué desaparecer ante las novedades del consumo y del mercado» (CV 190).

---

[3] FRANCISCO, Mensaje para la III Jornada Mundial de los Abuelos y de los Mayores, 2023.

Al pensar en la transmisión de raíces, pienso en algunos pueblos originarios que fueron pasando de generación en generación distintas tradiciones y sabidurías ancestrales que permitieron mantener cohesionada a la comunidad, darle un sentido, dotarla de un alma y un corazón que les ha permitido latir. Nada de eso hubiera sido posible sin ancianos para transmitir y jóvenes interesados en custodiar esas raíces.

Pensemos cuán necesaria es esta alianza en un momento en el que una cosmovisión alentada por la economía de mercado a ultranza y el reemplazo de lo comunitario por lo individual tiende a homogeneizar las culturas y a debilitar la inmensa variedad que es un tesoro de la humanidad. Reducir las culturas, buscar que nos integremos como una esfera en la que nuestras diferencias y tradiciones quedan borradas, es una forma de empobrecer al ser humano. Necesitamos apostar por el modelo del poliedro, en el que cada cara tenga su propia historia, su propia memoria y sus raíces bien firmes para poder formar una esperanza colectiva.

Vuelvo a hacer una pregunta a todos mis coetáneos. «¿Qué pido a los ancianos, entre los cuales me cuento yo mismo? Nos pido que seamos guardianes de la memoria» (CV 105).

Este modelo de sociedad ha privado a los abuelos de su voz. Les hemos quitado su espacio y la oportunidad de contar sus experiencias, sus historias, su vida. Sus testimonios vividos son una brújula que nos evitarán estar perdidos.

Nosotros los mayores tenemos que estimular a los jóvenes a buscar sus raíces y a través de ellas el sentido de la vida. Las raíces no son cadenas que nos atan a otras épocas y nos impiden encarnarnos en el mundo actual para hacer nacer algo nuevo. Son, por el contrario, un punto de arraigo que nos permite desarrollarnos y responder a los nuevos desafíos, tomando los aciertos y aprendiendo de los errores. Corremos el riesgo de convertirnos en una sociedad desarraigada, que hace que las familias vayan perdiendo poco a poco sus vínculos. El futuro de un pueblo presupone necesariamente un diálogo y un encuentro entre ancianos y jóvenes para la construcción de una sociedad más justa, más bella, más solidaria y, en definitiva, más cristiana.

Esta nueva alianza puede convertirse en un antídoto contra las sociedades actuales del «sálvese quien pueda». Eso mata. Ya en mi primer viaje fuera de Italia como papa denuncié «que estamos presenciando una filosofía y una praxis de exclusión de los dos polos de la vida que son las promesas de los pueblos. Exclusión de los ancianos, por supuesto, porque uno podría pensar que podría haber una especie de eutanasia escondida; es decir, no se cuida a los ancianos; pero también está la eutanasia cultural: no se les deja hablar, no se les deja actuar. Y exclusión de los jóvenes. El porcentaje que hay de jóvenes sin trabajo, sin empleo, es muy alto, y es una generación que no tiene la experiencia de la dignidad ganada por el trabajo. O sea, esta civilización nos ha llevado a excluir las dos puntas, que son el futuro nuestro»[4].

En la querida tierra del Brasil lancé el primer borrador de esta alianza: «Los jóvenes tienen que salir, tienen que hacerse valer; los jóvenes tienen que salir a luchar por los valores, a luchar por esos valores; y los viejos abran la boca, los ancianos abran la boca y enséñennos; transmítannos la sabiduría de los pueblos»[5].

---

[4] Francisco, Encuentro con jóvenes argentinos en la catedral de San Sebastián, Rio de Janeiro, Brasil, 25 de julio de 2013.
[5] *Ibid.*

La alianza de mayores con los jóvenes salvará a la humanidad. Debemos recomponer ese vínculo. Me gusta una imagen de la familia humana habitando una «casa» de cuatro pisos, con los niños, los jóvenes, los adultos y los mayores viviendo todos juntos. Pero por momentos da la sensación de que no hay escaleras ni ascensores dentro de la casa, que no hay comunicación ni diálogo entre los inquilinos de cada piso. Es nuestra tarea construirlos. Debemos recordar que «la alianza visible de las generaciones, que armoniza los tiempos y los ritmos, nos devuelve la esperanza de no vivir la vida en vano»[6]. En ese sentido, estamos también llamados a evitar las lógicas que pretenden enfrentar a los habitantes de esta amplia casa entre sí: «La contraposición entre las generaciones es un engaño y un fruto envenenado de la cultura de la confrontación»[7].

Quiero reiterar que «poner a los jóvenes en contra de los ancianos es una manipulación inaceptable: está en juego la unidad de las edades de la vida, es decir, el real punto de referencia para la comprensión y el aprecio de la vida humana en su totalidad»[8].

Caminemos juntos. Alentemos a los jóvenes a que escuchen a los ancianos y se sirvan de sus experiencias para construir un futuro de esperanza. Custodiemos a los ancianos para que no se pierda nada de su vida ni de sus sueños. Depende de nosotros, hoy, que no nos arrepintamos mañana de no haberles dedicado suficiente atención a quienes nos amaron y nos dieron la vida, dándonos cuenta de que nuestros sueños están vacíos de su memoria.

---

[6] Francisco, Audiencia general, 17 de agosto de 2022.

[7] Francisco, Mensaje para la IV Jornada Mundial de los Abuelos y de los Ancianos, 2024.

[8] Ibid.

Ancianos fortalecidos

«No desprecies los discursos de los ancianos, que también ellos aprendieron de sus padres; porque de ellos aprenderás inteligencia y a responder cuando sea necesario» (Eclesiástico 8,9). Para llevar a cabo esa alianza que transforme los sueños de los ancianos en la esperanza de los jóvenes necesitamos seguir creando conciencia de todo el bien que nos puede hacer la escucha atenta y con ternura de todas las experiencias que tienen para ofrecernos.

En los Evangelios, los ancianos Simeón y Ana reconocen en el bebé que María y José presentan en el Templo la esperanza de todo un pueblo (Lucas 2,22-38). Son capaces de ver y escuchar lo que la gran mayoría, corriendo tras sus ocupaciones, no percibe. Lo acogieron, lo tomaron en sus brazos y comprendieron –solo ellos comprendieron– lo que estaba sucediendo: es decir, que Dios estaba allí, presente, y que los miraba con ojos de niño.

Recuerdo también las bellas palabras de mi predecesor Benedicto XVI cuando sostuvo que «la calidad de una sociedad, quisiera decir de una civilización, se juzga también por cómo se trata a los ancianos y por el lugar que se les reserva en la vida en común»[9].

Estamos en un tiempo en el que por primera vez conviven cuatro generaciones juntas y gracias a los progresos de la medicina la vida se ha alargado. Alrededor de mil millones de hombres y mujeres ya han cumplido los 60 años y las previsiones indican que para el 2030 aumentarán en otros 400 millones, superando el número de los jóvenes y de los niños con menos de diez años.

---

[9] BENEDICTO XVI, Visita a la casa-familia «Viva los Ancianos» de la Comunidad de San Egidio, Roma, 12 de noviembre de 2012.

Vemos sin embargo que la sociedad aún no se ha abierto a esta realidad y no ha pensado en cómo integrar a quienes atravesamos la hermosa etapa de la vejez. El número de ancianos se ha multiplicado, pero nuestras sociedades no se han organizado lo suficiente para hacerles espacio, con justo respeto y concreta consideración a su fragilidad y dignidad[10]. Según muchos expertos, el envejecimiento de la población está destinado a convertirse en una de las transformaciones sociales más significativas del siglo XXI. Debemos estar a la altura y transformar la forma en que nos relacionamos con ellos, en cómo los integramos, en cómo los hacemos «sentir parte» de un futuro que no verán, pero al que tienen igual mucho para aportar.

A todos nos ha pasado, al menos en parte, que en la juventud somos propensos a ignorar la vejez, como si fuese algo para lo que falta mucho y no vale la pena preocuparse. Luego, cuando llegamos a cierta edad, vemos con los ojos propios lo que ya vieron muchos otros, y son por lo general imágenes de soledad, enfermedad y falta de comprensión de parte de la sociedad. Tenemos que cambiar esto. Los ancianos son una riqueza, no se pueden ignorar: la edad no es un obstáculo para ser una persona influyente e inspiradora, sino que puede convertirse en un motor para llegar a toda la sociedad.

Los adultos mayores son hombres y mujeres, padres y madres que estuvieron antes que nosotros en el mismo camino, en nuestra misma casa, en nuestra diaria batalla por una vida digna. La experiencia y sabiduría de los ancianos puede ayudar a los jóvenes a mirar el futuro con esperanza. Tienen una gran responsabilidad hacia las nuevas generaciones.

---

[10] Cf. Francisco, Audiencia general del 4 de marzo de 2015.

Debemos trabajar entonces para poder ofrecerles verdaderos proyectos de existencia, en vez de multiplicar los planes de asistencia que se proponen como única forma de integrarlos. Las personas mayores estamos dotadas a menudo de una sensibilidad especial para el cuidado, la reflexión y el afecto. Podemos tender la mano para contar nuestras historias y contribuir a que nuestros sueños sean las esperanzas de los jóvenes para iniciar una verdadera revolución de la ternura.

Tenemos «una gran responsabilidad: enseñar a las mujeres y a los hombres de nuestro tiempo a ver a los demás con la misma comprensión y la misma mirada tierna que dirigimos a nuestros nietos. Hemos afinado nuestra humanidad al ocuparnos del prójimo y hoy podemos ser maestros de un modo de vivir pacífico y atento a los más débiles»[11].

Debemos ponernos a trabajar para dar vida a estos proyectos de existencia. Pensemos en todo lo que se ha inventado para los primeros treinta años de vida: jardín de infancia, escuela primaria, escuela secundaria, instituto, universidad, etc. ¿Qué ha construido la sociedad, en cambio, para ofrecer a quienes transitan los últimos treinta? Los ancianos no son marcianos que bajan con arrugas y canas de un plato volador. Los ancianos somos todos. Los más jóvenes, dentro de mucho; algunos adultos lo serán dentro de poco y otros ya estamos allí. Inevitablemente, aunque nos quieran ofrecer fórmulas mágicas de juventud eterna, *liftings* y demás.

La alianza entre los jóvenes y los mayores es un campo en el que mucho está por crearse. La vejez no es un tiempo en

---

[11] FRANCISCO, Mensaje para la II Jornada Mundial de los Abuelos y de los Ancianos, 2022.

el que necesariamente haya que correrse a un costado. Hay mucho aún que ofrecer para el bien común. Todavía estamos con ganas de jugar el partido por el futuro. Tenemos esperanza en que los jóvenes continuarán nuestros sueños.

Jóvenes sin miedo para honrar la memoria

Para que esta alianza pueda dar los mayores frutos posibles, necesitamos jóvenes que no tengan miedo y que estén comprometidos en transformar en esperanza los sueños de los mayores. Necesitamos que arriesguen, que salgan a comerse la cancha y que eviten caer en la tentación de la sillón-dependencia que ofrece el mundo moderno.

Ustedes tienen que escuchar las vivencias de los ya jubilados, y no jubilarse a los 20 años, como se ve en algunos jóvenes que parecen haberse quedado petrificados como si fueran un actor de reparto en su propia vida. ¡No! Sean protagonistas.

No tengan miedo de cambiar el mundo. Tienen la fuerza propia de su edad y pueden sumar las experiencias de quienes ya intentaron antes. La juventud es además una época en la que la creatividad brota a flor de piel: úsenla en pos de un mundo más fraterno.

No tengan miedo al error. Recuerden que, así como ahora van a recibir ustedes los testimonios de los que estuvieron antes, mañana será su turno de transmitir sus experiencias. Y será mucho más lindo si cuentan «tal día probé esto y me equivoqué, me di cuenta, cambié y salí mejor». No importa tropezar: lo importante es aprender a levantarse.

No tengan miedo de ensuciarse las manos. No tengan miedo de ir a contracorriente para hacer una cosa buena. El barro del trabajar por el bien común es un barro que dignifica. Háganlo con pasión, no caigan en la mediocridad o la superficialidad, que induce a las personas a pensar que lo saben todo desde el principio y no a buscar soluciones a los problemas poniéndose en juego.

No tengan miedo de vivir los conflictos. Los encontramos en el mundo, en una familia, en las universidades, en sus trabajos. Pero vivir el conflicto es una forma de entrenarse en capacidad de escucha, de reconocimiento del otro, de crecimiento recíproco. Las tensiones y los conflictos forman parte de la vida, pero sabemos que su resolución en un nivel superior es el signo de que hemos apuntado más alto que nuestros intereses particulares.

No tengan miedo de buscar la felicidad y, más importante aún, no la confundan con el consumismo. Ojo, no quiero decir que aquellos que pueden tengan prohibido darse un gustito de vez en cuando. Todos lo hacemos. Pero no confundan eso con acumular ilusiones para crearse una falsa seguridad. Recuerdo el pasaje del hombre rico que había tenido una cosecha tan grande que no sabía dónde poner el trigo. Y dijo: «Haré almacenes más grandes y así estaré seguro». Y Jesús le dijo: «¡Qué tonto eres! Esta misma noche vas a morir, y otros disfrutarán de todo esto que has guardado. Así les pasa a todos los que amontonan riquezas para sí mismos» (Lucas 12,16-21).

No tengan miedo de arriesgar. El que no arriesga no madura, no vive de forma profética. Sean ustedes quienes deciden su futuro, no permitan que otros lo hagan. Dejen una huella, comprométanse. Inviertan sus energías en transformar esos sueños que reciben de los ancianos en visiones de esperanza para el futuro que viene. Vivan vidas reales, no como las ficciones de los *reality shows*, sin un proyecto para el mañana más que el no quedar nominado.

No tengan miedo de meterse en Política, con mayúsculas. Es la forma más alta de caridad. Escuché que alguna vez alguien dijo que si vemos a un grupo de personas con hambre y lo alimentamos, eso es caridad. Si, en cambio, nos organizamos y tratamos de conseguirles trabajo y asistencia social, eso es Política. Me gustó la imagen. La organización vence al tiempo y abre paso a la esperanza.

No tengan miedo de hacerse cargo. Háganse cargo de la historia de sus pueblos. Todo joven debería querer estar incluido en el proceso de crecimiento de su país y de su patria. Pienso que la no participación de los jóvenes es la muerte de un país. Ustedes tienen que acostumbrarse a participar social, política, religiosa, cultural e intelectualmente, no pueden esperar a mañana.

Pero, en especial, no tengan miedo de escuchar a los ancianos y poner en marcha sus sueños.

Un destino de esperanza

Un pueblo que no cuida a sus ancianos ni a sus jóvenes es un pueblo sin futuro, sin esperanza. En el mundo en que vivimos, los dos extremos de la vida «están condenados al mismo destino: exclusión»[12].

Si nos une el destino nos une también la tarea que tenemos por delante. Todos estamos llamados a contrarrestar la cultura del descarte. Por eso necesitamos esta nueva alianza de esperanza.

Nuestros ancianos tienen mucho para aportar. Yo soy anciano y creo que tengo aún cosas que dar. Podemos empezar

---

[12] FRANCISCO, Encuentro con jóvenes argentinos, Rio de Janeiro, Brasil, 25 de julio de 2013.

esta alianza desterrando, con la ayuda de los jóvenes, los estereotipos que se han construido sobre nosotros y que contribuyen a fomentar esta cultura del descarte. Podemos tener algún achaque, sí, es lógico que así sea, pero eso no nos define. Nos define una dignidad y las ganas de aportar nuestra experiencia para un futuro de esperanza.

Los jóvenes, por su parte, tienen que estar atentos porque también son víctimas de la cultura del descarte: es una sociedad de la imagen, de lo efímero, que expulsa al que no encaja, al distinto. Huyan de la cultura del maquillaje, donde lo único que cuenta son las apariencias y el éxito personal, incluso a costa de pisotear la cabeza de los demás.

Seamos aliados en construir una sociedad diferente, más acogedora, más humana, más inclusiva, que no tenga necesidad de descartar a quien es débil de cuerpo y mente, sino que tome como elemento central solo la dignidad de cada uno de sus miembros, que es la misma, por el solo hecho de ser seres humanos. Como dice el refrán: «Si el joven supiese y el viejo pudiese, no habría cosa que no se hiciese».

Mi abuela Rosa, de quien hablé al iniciar este capítulo, me contaba una historia que ayuda a que tomemos conciencia de esta alianza que les propongo. Es la historia de una familia en la que el padre decidió mandar al abuelo a comer solo en la cocina, porque, a medida que envejecía, empezaba a dejar caer la sopa y se ensuciaba. Pero un día ese papá, al regresar a casa, encontró a su hijo que estaba construyendo una mesa de madera. porque el mismo aislamiento, tarde o temprano le tocaría a él.

Cuando se descuidan a los ancianos se pierde la tradición, que no es un museo de cosas viejas, sino que es la garantía del futuro. Es el jugo de las raíces que hace crecer el árbol y da flores y frutos.

Jóvenes y ancianos son la esperanza de los pueblos. Recuerdo aquí que «los ancianos aportan la memoria y la sabiduría de la experiencia, que invita a no repetir tontamente los mismos errores del pasado. Los jóvenes nos llaman a despertar y acrecentar la esperanza porque llevan en sí las nuevas tendencias de la humanidad y nos abren al futuro, de manera que no nos quedemos anclados en la nostalgia de estructuras y costumbres que ya no son cauces de vida en el mundo actual» (EG 108).

Permítanme recordar las palabras del fallecido arzobispo brasileño Dom Hélder Câmara, un gigante del compromiso con la justicia y la protección de los derechos de los más vulnerables, que nos enseñó: «Cuando sueñas solo, es solo un sueño; pero cuando sueñas con otros, es el comienzo de una nueva realidad». Trabajemos unos al lado de los otros. Soñemos juntos. Existe una alternativa a la cultura del descarte: la de la esperanza, que está representada precisamente por la alianza entre viejos y jóvenes.

La memoria es lo que hace que un pueblo sea fuerte porque se siente arraigado en un camino, en una historia, en una raíz. Y la esperanza es esa vela que nos guía y nos acompaña hacia el futuro. Confirmemos entonces esta alianza entre jóvenes y ancianos para caminar unos al lado de otros entre la memoria y la esperanza. Allí, donde está la tercera dimensión, la del camino que debemos recorrer juntos.

6

LA ESPERANZA SIEMPRE
TIENE ROSTRO HUMANO

Estamos a tiempo

Retomemos la imagen del comienzo del libro: el barco en mitad de las aguas tempestuosas, en donde la esperanza nos sirve de ancla y de vela para superar la situación. Hoy vemos cómo la tormenta parece cernirse con cada vez más fuerza y duración sobre nosotros. El año jubilar llegar en medio de guerras, pobreza y migraciones masivas, entre otros numerosos retos que la familia humana debe afrontar en el futuro cercano para que podamos peregrinar todos juntos en esperanza.

La humanidad está atravesada por una crisis integral en la que la interconexión de factores económicos, sociales, políticos y migratorios hace imposible resolver cualquiera de estos ejes por separado sin tener en cuenta al resto (cf. LS 138-139). Estamos, además, en medio de una emergencia climática mundial sin precedentes. Recordemos que «por más que se pretendan negar, esconder, disimular o relativizar, los signos del cambio climático están ahí, cada vez más patentes» (LD 5).

En un sistema que reivindica la mano invisible del mercado, se hace en cambio cada vez más visible la mano del hombre en las profundas transformaciones que evidencia el planeta. Y no traen noticias alentadoras, ya que a partir de numerosas evidencias científicas «es verificable que determinados cambios en el clima provocados por la humanidad aumentan notablemente la probabilidad de fenómenos extremos cada vez más frecuentes e intensos» (LD 5).

Llegamos hasta esta situación porque un paradigma socioeconómico edificado sobre la avidez y la codicia ha necesitado también depredar la Tierra para sostener el ritmo de consumo y despilfarro que lo caracteriza. Años y años de una intervención humana sin límites sobre la naturaleza han generado algunas consecuencias que ya son irreversibles en materia climática, al tiempo que otros peligros que nos acechan a la vuelta de la esquina no tendrán solución si no actuamos a tiempo. Pienso en el derretimiento de los glaciares en los polos o en la suba de la temperatura media del planeta más allá de los ya de por sí elevados límites que se trazó la humanidad.

Nuestra doctrina social planteaba ya hace años que la responsabilidad mayor de la situación se da por «la pretensión de ejercer un dominio absoluto sobre las cosas por parte del hombre, un hombre indiferente a las consideraciones de orden moral que deben caracterizar toda actividad humana» (DSI 461).

Nos hemos dejado guiar por un paradigma tecnocrático que muchas veces condujo a la política y a la economía buscando imponer la idea de que la realidad, el bien y la verdad brotan «espontáneamente del mismo poder tecnológico y económico» (LD 20). Así se ha ido avalando la idea de un ser humano sin límites, motivado de forma exclusiva por la codicia, el deseo de ganancias ilimitadas y una desconexión absoluta con los valores de fraternidad y solidaridad sobre los que, en la mayoría de los países, se había alcanzado cierto consenso al mediar el siglo XX.

A finales del siglo pasado, san Juan Pablo II ya advertía que «a causa de los poderosos medios de transformación que brinda la civilización tecnológica, a veces parece que el equilibrio hombre-ambiente ha alcanzado un punto crítico»[1].

Como inquilinos del planeta hemos concentrado un poder jamás visto sobre la creación y sobre nuestro propio futuro. Depender de nosotros debería ser un signo de esperanza, pero nada garantiza que la humanidad vaya a utilizar bien este poder, sobre todo si se considera el modo como lo ha hecho en las últimas décadas (cf. LD 23).

Estamos ante desafíos múltiples e interconectados que tenemos que afrontar si queremos seguir albergando esperanza en nuestra permanencia en la Tierra. Por un lado, debemos cuidar esta casa común, que debe ser habitada. Pero también prestar atención a la familia humana que la habita. Nos preocupa la dignidad de cada uno de sus miembros y el modo en que nos relacionamos entre nosotros. El mundo con el que soñamos, ese en el que proyectamos nuestras visiones, debe ser construido ahora. Estamos justo a tiempo, pero solo si reaccionamos rápido y con convicción.

A esa aceleración del daño que hemos cometido contra nuestro planeta se agrega además un marco en el que «la humanidad ha ingresado en una nueva era en la que el poderío tecnológico nos pone en una encrucijada» (LS 102).

---

[1] JUAN PABLO II, Discurso a los participantes en un Congreso Internacional sobre Ambiente y Salud, 24 de marzo de 1997.

Se ha definido a esta era como la de la cuarta revolución industrial, caracterizada por la irrupción vertiginosa de la tecnología digital, la robótica y la Inteligencia Artificial. El futuro requerirá de peregrinos de esperanza dispuestos a construir una alternativa frente a la mentalidad utilitarista, cortoplacista y manipuladora que ha hecho daño al planeta y que aparece amenazante de cara a un futuro repleto de desafíos. No podemos permitir que el mismo paradigma tecnocrático que nos gobernó en la relación con nuestra casa común trace ahora las líneas de nuestro vínculo con las novedades tecnologías.

Por otro lado, debemos tener en cuenta que «sin duda no son ilimitados los recursos naturales que requiere la tecnología, como el litio, el silicio y tantos otros, pero el mayor problema es la ideología que subyace a una obsesión: acrecentar el poder humano más allá de lo imaginable, frente al cual la realidad no humana es un mero recurso a su servicio» (LD 22). Si la forma en la que tratamos al planeta y la velocidad de los nuevos adelantos tecnológicos están conectadas, también deberían estar integradas las respuestas que como humanidad tenemos para ofrecer ante estos desafíos.

Con la emergencia climática hemos llegado tarde, pero aún estamos a tiempo de organizar la esperanza para dar un sentido humano a los nuevos avances tecnológicos.

Ante la irrupción de las nuevas tecnologías

Nos encontramos ante un verdadero cambio de época. Horizontes impensados apenas años atrás se abren casi a diario y corremos el riesgo de que la situación escape de nuestro control.

Hay una aceleración geométrica en los cambios que ya se están produciendo en la forma en que vivimos, tanto en el ambiente como en nuestras condiciones de vida, con efectos y desarrollos no siempre claros y predecibles.

La gran crisis que afronta la humanidad con sus varias caras (de la pandemia a las migraciones, de la pobreza al clima) tiene consecuencias en cada una de estas aristas que se retroalimentan. Frente a este panorama, la gran transformación tecnológica que supone la irrupción y masificación de la Inteligencia Artificial no puede obviar estas complejas relaciones.

Hay cierto consenso global sobre cuánto la IA está cada vez más presente en cada aspecto de la vida cotidiana, tanto personal como social. Es cierto que no estamos ante la primera transformación de magnitud a la que la humanidad debe hacer frente. Pienso, por ejemplo, en la introducción de la máquina de vapor o de la electricidad, o en la aparición de la imprenta, que revolucionó la forma de conservar y transmitir la información.

Sin embargo, la magnitud del impacto global de las transformaciones que ya estamos viviendo se vislumbra de proporciones inéditas. En años pasados hemos dejado que algunas irrupciones tecnológicas se fueran «acomodando» en nuestra vida por sí solas, sin preocuparnos mucho. Debemos cambiar ese enfoque.

Las nuevas fronteras de la ciencia, con alcance más allá de nuestro planeta, ya superan lo imaginable y vemos cómo se vuelven difusos los límites entre la materia inorgánica y la orgánica, entre lo real y lo virtual, entre las identidades estables y los acontecimientos en continua relación entre sí. Incluso se habla ya de supuestos «pensamientos híbridos», a partir de la fusión entre la capacidad cognitiva del hombre y la máquina, que alterarían sustancialmente la especie.

Parece preocupante en especial que «la inteligencia artificial y las últimas novedades tecnológicas parten de la idea de un ser humano sin límite alguno, cuyas capacidades y posibilidades podrían ser ampliadas hasta el infinito gracias a la tecnología. Así, el paradigma tecnocrático se retroalimenta monstruosamente» (LD 21).

Debemos superar la tentación de querer jugar a la creación.

Necesitamos guiar esta nueva revolución con humanidad. A diferencia de las anteriores transformaciones que hemos afrontado, el destino del *Homo sapiens* tal como lo conocemos puede estar en peligro si dejamos librada al azar (o, peor aún, en manos de los fabricantes) la regulación de las nuevas tecnologías.

La humanidad está a tiempo de no condenarse a sí misma. Nadie más que el ser humano puede ofrecer la ética necesaria para que el desarrollo de estas tecnologías no termine agigantando las ya enormes brechas que encontramos hoy en cuanto a redistribución de recursos, de riquezas y a nivel digital. Nuestra sabiduría, que ha desarrollado estas tecnologías, debe crear los límites para su evolución. No podemos dejar que lo hagan las máquinas.

He planteado ya que «sin duda, las máquinas poseen una capacidad inconmensurablemente mayor que los humanos para almacenar datos y correlacionarlos entre sí, pero corresponde al hombre, y solo a él, descifrar su significado. No se trata, pues, de exigir que las máquinas parezcan humanas; sino más bien de despertar al hombre de la hipnosis en la que ha caído debido a su delirio de omnipotencia, creyéndose un sujeto totalmente autónomo y autorreferencial, separado de todo vínculo social y ajeno a su creaturalidad»[2].

La robótica, la simplificación de las comunicaciones, la IA y otras herramientas han traído oportunidades apasionantes, como la mejora del trabajo, de las condiciones de vida de las personas, de los instrumentos médicos y de las interacciones personales.

También es evidente, sin embargo, que la velocidad de las actualizaciones en los sistemas operativos que comandan a las máquinas está superando largamente a nuestra capacidad de decidir cómo regularlas. Con cada vez mayor urgencia, se necesita una fuerte ambición moral para humanizar la técnica y no tecnologizar lo humano. Debemos orientar la concepción y el uso de las inteligencias artificiales de manera responsable, para que estén al servicio de la humanidad y de la protección de nuestra casa común.

El futuro de la humanidad puede estar en peligro sin una supervisión adecuada de estas tecnologías y sin un nuevo compromiso para revertir el daño hecho al planeta. Además, la protección de la dignidad de la persona y el cuidado de una fraternidad efectivamente abierta a toda la familia humana son condiciones indispensables para que el desarrollo tecnológico contribuya a promover la justicia y la paz en el mundo.

Recuerdo la visión profética de mi predecesor san Pablo VI, cuando planteó que todo adelanto no debe tener otra razón que estar al servicio del ser humano, y que su existencia debe apuntar a «reducir las desigualdades, combatir las discriminaciones, librar al hombre de la esclavitud, hacerle

---

[2] Francisco, Mensaje para la LVIII Jornada Mundial de las Comunicaciones Sociales, 2024.

capaz de ser por sí mismo agente responsable de su mejora material, de su progreso moral y de su desarrollo espiritual» (PP 34).

Las nuevas tecnologías emergentes han demostrado que pueden cambiar radicalmente a la humanidad. Está en nosotros tomar las decisiones para definir si ese cambio es para bien o para mal. Tienen potencial para un enorme desarrollo, pero también para una tragedia de igual proporción en tanto corren el riesgo de suprimir lo humano por una especie de dictadura de la tecnología que trastorna a la humanidad misma. El progreso solo puede hacer posible un mundo mejor si se une al bien común.

Estamos en una encrucijada decisiva en la cual aún podemos actuar para poder construir un mundo en el que la tecnología se utilice realmente para el desarrollo de los pueblos. Sin un desarrollo justo y distribuido no habrá justicia ni paz ni fraternidad universal. Si no controlamos ese desarrollo corre peligro la casa común. Y entonces la tormenta en la que estamos inmersos se cernirá con aún más fuerza sobre todos nosotros. Evitemos el naufragio de la humanidad.

Algunos posibles riesgos de la falta de regulación

No se trata de crear un alarmismo contra las nuevas tecnologías como si fuéramos ludistas del siglo XXI por una mera oposición. Los reclamos para que exista un real control sobre el avance y desarrollo de las nuevas tecnologías se corresponden, por un lado, con una genuina pregunta filosófica sobre si no nos estamos excediendo en nuestra pretensión de dominar las herramientas de la creación. Pero, por otro lado, también nos impulsan algunas señales de alarma que se han esbozado durante estos años sobre los potenciales usos dañinos para buena parte de la humanidad que podrían derivar de la utilización totalmente desregulada y sin control de los nuevos adelantos.

Entre los signos de preocupación vemos que ya han aparecido algunas propuestas para que sean programas manejados por la IA los que estén a cargo de las solicitudes de inmigración, entre otras decisiones de selección de personas en nivel público y privado. No podemos aceptar que la decisión sobre la vida y el destino de un ser humano se confíe a un algoritmo. Recordemos siempre que el modo en que tratamos a los últimos y a los más pequeños entre nuestros hermanos y hermanas nos indica el valor que reconocemos en los seres humanos. Estas propuestas erradican cualquier posibilidad de encuentro con el otro, de generar espacios de diálogo.

Además, hay que tener en cuenta que cada algoritmo no es autónomo, sino el resultado de un planteamiento comandado por el ser humano. Por ello, la dimensión ética para su diseño debe ser prioritaria. Sería un error avanzar en este camino por el que luego, en un futuro cada vez más cercano, «la fiabilidad de quien pide un préstamo, la idoneidad de un individuo para un trabajo, la posibilidad de reincidencia de un condenado o el derecho a recibir asilo político o asistencia social podrían ser determinados por sistemas de inteligencia artificial»[3].

El ser humano, con su dignidad, es mucho más que un conjunto de datos analizados por un algoritmo. Esa debería ser la línea de base para cualquier debate sobre la adopción de estos sistemas. Ya he llamado la atención de cómo

---

[3] Francisco, Mensaje para la LVII Jornada Mundial de la Paz, 2024.

«la falta de niveles diversificados de mediación que estos sistemas introducen está particularmente expuesta a formas de prejuicio y discriminación» por lo que «los errores sistémicos pueden multiplicarse fácilmente, produciendo no solo injusticias en casos concretos sino también, por efecto dominó, auténticas formas de desigualdad social»[4].

También vemos avanzar herramientas de control facial elaboradas a partir de algoritmos que buscan controlar a las poblaciones. Se crearían así procesos artificiales de clasificación que vulnerarían derechos elementales de millones de hermanos y hermanas de carne y hueso. En ese marco, requiere atención el estudio sobre la confidencialidad, la posesión de datos y la propiedad intelectual derivadas de las nuevas tecnologías, ya que su uso impropio puede traer graves consecuencias. Además del seguimiento de las huellas faciales que proponen estos nuevos sistemas, se elaboran también herramientas cada vez más sofisticadas para el *tracking* digital que buscan recopilar datos de las costumbres de las personas para controlar y tratar de influir sobre sus hábitos. Es necesario que haya más transparencia de parte de los productores para que sepamos qué saben de nosotros, qué información almacenan y, en especial, cómo y para qué la usan.

Algunos de los riesgos que son cada vez más concretos a partir de la masificación de las herramientas de IA provienen del campo de las comunicaciones, en donde ha sido notable el impacto de las *fake news* y *deep fakes*. Muchas personas, públicas o no, se ven a menudo hostigadas de forma virtual por mecanismos coordinados de publicación en redes sociales sin el más mínimo chequeo previo de las informaciones y con velocidades de propagación que

---

[4] *Ibid.*

dificultan una contrastación seria con la realidad. Hemos visto que también se han alterado videos y audios de personas para que parezca que hacen y dicen tal o cual cosa, una herramienta extremadamente peligrosa si se aplica con fines electorales ya que dañaría los cimientos básicos de una democracia. O, peor aún, la fabricación de imágenes falsas aplicada a la pornografía infantil puede derivar en una epidemia en contra de los más vulnerables, nuestros niños. Incluso yo mismo he sido víctima de la manipulación de imágenes que parecen cada vez más reales.

Con frecuencia las formas de IA parecen capaces de influenciar las decisiones de los individuos por medio de opciones predeterminadas asociadas a estímulos y persuasiones o mediante sistemas de regulación de las elecciones personales basados en la organización de la información. Ya no es solo el algoritmo: la sofisticación de estas formas de control social se da por la mano activa de los productores de las herramientas que las fabrican, con la correspondiente responsabilidad legal, y obligan a un esfuerzo de las autoridades gubernamentales para su monitoreo.

Incluso en el campo de la guerra, la proliferación de las denominadas armas autómatas está provocando una transformación de gran magnitud en el ordenamiento internacional. Vemos con preocupación la aparición de armas no controladas en cada vez más escenarios bélicos y cómo se delegan en ellas importantes poderes de decisión sobre el uso de la fuerza, pese a que tienen un comportamiento imprevisible o cuya finalidad y ámbito de funcionamiento no están bien definidos o no se conocen. No olvidemos que la guerra es siempre una derrota, que cada ataque armado debe ser cuidadosamente sopesado y su legitimidad debe ser probada.

En muchos de los conflictos en curso hemos visto cómo la posibilidad de conducir operaciones militares por medio de sistemas de control remoto provoca cierta percepción menor de la devastación que estos han causado y de la responsabilidad en su uso, contribuyendo a un acercamiento aún más frío y distante a la ya de por sí inmensa tragedia de la guerra. Las máquinas no son sujetos, por lo que no pueden realmente pensar, sentir, decidir o ser consideradas responsables de sus actos. Incluso las armas autómatas más sofisticadas solo pueden ejecutar instrucciones y simular comportamientos humanos. A pesar de su complejidad, no podemos permitir que tengan la última palabra sobre la vida de los seres humanos. Los sistemas de armas autónomos no pueden considerarse sujetos moralmente responsables ni podemos permitir que reemplacen la capacidad única de juicio moral y de toma de decisiones éticas que tenemos los seres humanos. Una máquina, por muy «inteligente» que sea, sigue siendo una máquina.

Es muy importante que también tengamos en cuenta la cantidad de recursos naturales involucrados en el desarrollo de estas tecnologías. Hay un riesgo de que el apetito de las empresas productoras por las denominadas tierras raras que necesitan para su desarrollo provoque un colonialismo 2.0 sobre los países que tienen estas riquezas en los subsuelos. Debemos apelar a los gobiernos para que no se repitan los ciclos de saqueo y dominación que el mundo ya vivió –y toleró– sobre las naciones ricas en combustibles fósiles, diamantes y otros tesoros de la naturaleza.

Por otro lado, la extracción de estas tierras raras tiene a veces un costo ambiental muy elevado, como por ejemplo por la gran cantidad de agua que se usa en el proceso o por el alto consumo de energía. Debemos esforzarnos para que no sean las naciones más pobres las que paguen los costos ambientales o económicos de la fiesta tecnológica de un par de CEO multimillonarios.

Otra advertencia sobre el futuro inmediato viene dada por la manipulación de los datos para crear un sistema de publicidades segmentadas que amenazan con invadir cada rincón de la vida digital de los usuarios. En particular, me preocupa la proliferación de sistemas dirigidos a captar a los jóvenes en las denominadas apuestas *online*, que aparecen como una falsa ilusión de una salvación individual en medio de contextos de crisis cada vez más extendidos. La masificación de los teléfonos inteligentes ha convertido al celular de cada uno de nuestros jóvenes en un casino móvil, abriéndole puertas a una multitud de opciones de apuestas cada vez más amplia y de disposición inmediata, que anestesian el sentimiento de responsabilidad. Nuestros gobiernos no pueden ser cómplices de una instigación a la ludopatía que provoca serios daños a la salud emocional y financiera de nuestra juventud. Estas herramientas de juego incluso tienen los avales para patrocinar equipos de una amplia gama de deportes, generando una familiarización con las apuestas incompatible con los valores del bien común, del deporte y de una sociedad sana y fraterna.

De todos modos, más allá de los riesgos asociados a un uso descontrolado de las nuevas tecnologías, hay muchas aplicaciones favorables por las que estas herramientas podrían contribuir de forma decisiva al bien común. Por ejemplo, «la inteligencia artificial podría permitir una democratización del acceso al saber, el progreso exponencial de la investigación científica, la posibilidad de delegar a las máquinas los trabajos desgastantes»[5].

---

[5] Francisco, Discurso en el G7 en Borgo Egnazia, 14 de junio de 2024.

En particular, según distintas estimaciones, el mundo tendrá que alimentar a unos 10 000 millones de personas para 2050. Necesitaremos entonces de una expansión de la frontera de producción de los alimentos a nivel global, que solo será posible con sistemas agroalimentarios que tengan ayuda de la IA y otras herramientas para volverse más inclusivos, resistentes y sostenibles.

Otro caso de posible aplicación concreta que he sabido es el de vigilancia del uso de los recursos hídricos, porque el agua es también un tema muy delicado. Pensemos que es un recurso central que para no pocos estudiosos puede ser un causal de guerra en el futuro.

Con estos riesgos y potenciales usos positivos sobre la mesa, me gusta la figura de la «algorética» para pensar el futuro. Un desarrollo ético de los algoritmos en la experimentación, el diseño, la producción, la distribución y la comercialización con el que se pueda tender al verdadero bien común. El objetivo es asegurar una verificación competente y compartida de los procesos mediante los cuales se integran en nuestra época las relaciones entre los seres humanos y las máquinas. En ese marco, los principios de la doctrina social de la Iglesia aportan una contribución decisiva: dignidad de la persona, justicia, subsidiariedad y solidaridad, que expresan el compromiso de estar al servicio de cada persona en su integridad, sin discriminaciones ni exclusiones.

Por otro lado, el debate sobre cómo gestionar estas nuevas herramientas como humanidad no puede solo basarse en lo político, lo industrial o lo meramente aplicacional.

El cuidado de la casa común y la fraternidad podrían ser dos de las grandes perspectivas en las que la Iglesia aporte su contribución única, original y positiva a este debate. El eje de lo humano no debería quedar fuera, en tanto estamos hablando de herramientas con consecuencias sobre una humanidad que se encuentra viviendo en un entorno, en una casa, que es nuestro planeta. Y como hermanos, con un sentimiento de fraternidad que no puede ser dejado de lado a la hora de pensar en el futuro de los desarrollos tecnológicos.

Algunas propuestas que he visto con interés plantean la creación de una Agencia Internacional para la IA que promueva sus usos pacíficos en las diversas aplicaciones civiles para reducir las desigualdades y prevenir sus usos nocivos, limitando sus consecuencias indeseables. Si la humanidad tuvo en la cumbre COP 21 de París, en 2015, un punto de inflexión sobre las respuestas al cambio climático, deberíamos pensar en «una París» de las tecnologías modernas para hacer frente a estos nuevos retos.

Quiero recordar algunas de las advertencias que sobre el final del siglo pasado quedaron plasmadas en la doctrina social de la Iglesia sobre el entonces incipiente «uso de las biotecnologías» (DSI 472-480) y basarme en ellas para proponer algunas líneas de acción que ahora podrían ser aplicables a las nuevas herramientas como la robótica y la Inteligencia Artificial.

Así, «es necesario tener presentes, sobre todo, los criterios de justicia y solidaridad, a los que deben sujetarse, en primer lugar, los individuos y grupos que trabajan en la investigación y la comercialización» de estas nuevas tecnologías, ya que no se debe creer que la mera difusión de sus beneficios «pueda resolver todos los apremiantes problemas de pobreza y subdesarrollo que subyugan aún a tantos países del mundo» (DSI 474).

También el llamado involucra a los empresarios y los responsables de los entes públicos que se ocupan de la investigación, la producción y el comercio de los productos derivados de las nuevas tecnologías, quienes «deben tener en cuenta no solo el legítimo beneficio, sino también el bien común» (DSI 478).

Tenemos que considerar «la importancia de la "sana política" para mirar con esperanza y confianza nuestro futuro»[6]. Así, «los políticos, los legisladores y los administradores públicos tienen la responsabilidad de valorar las potencialidades, las ventajas y los eventuales riesgos» de estas nuevas herramientas y se vuelve «inaceptable que sus decisiones, a nivel nacional o internacional, estén dictadas por presiones procedentes de intereses particulares» (DSI 479).

La esperanza siempre tiene rostro humano

Este será el primer jubileo marcado por la irrupción de estas nuevas tecnologías, en medio de una emergencia climática como la que estamos atravesando. A diario vemos cómo la casa común nos pide una pausa de nuestro estilo de vida, que empuja al planeta más allá de sus límites y que provoca la erosión de los suelos, la desaparición de los campos, el avance de los desiertos, la acidificación de los mares y la intensificación de tormentas y otros fenómenos climáticos intensos[7]. Es el grito de la Tierra que nos interpela.

En las escrituras, durante el jubileo, el pueblo de Dios fue invitado a descansar de su trabajo habitual, para permitir

---

[6] *Ibid.*
[7] Cf. Francisco, Mensaje para la Jornada Mundial de Oración por el Cuidado de la Creación, 2020.

que la tierra se regenerara y el mundo se reorganizara, gracias al declive del consumo habitual. Recordemos las palabras de Dios a Moisés en el monte Sinaí: «Será para ustedes un año de jubileo, y cada uno de ustedes volverá a su familia y a su patrimonio familiar. El año cincuenta será para ustedes de jubileo. No sembrarán, ni cosecharán lo que la tierra produzca de manera natural, ni vendimiarán sus viñedos. Es un año de jubileo, y será para ustedes un año sagrado. Solo podrán comer lo que la tierra produzca» (Levítico 25).

Estamos llamados a encontrar estilos de vida equitativos y sostenibles, que restituyan a la tierra el descanso que se merece, así como medios de subsistencia suficientes para todos que no destruyan los ecosistemas que nos mantienen.

Ya antes de la pandemia considerábamos que era necesario «reflexionar sobre nuestro estilo de vida y sobre cómo nuestra elección diaria en términos de alimentos, consumo, desplazamientos, uso del agua, de la energía y de tantos bienes materiales a menudo son imprudentes y perjudiciales»[8]. Ahora sumamos la necesidad de una reflexión que involucre el futuro de las nuevas tecnologías y qué decisiones tomaremos como humanidad para que no sean incompatibles con un mundo de fraternidad y esperanza.

Estamos llamados a salir de nuestra comodidad y proponer soluciones y alternativas creativas para que el planeta siga siendo habitable y que nuestra existencia sobre la Tierra no corra peligro.

Problemas nuevos exigen soluciones nuevas. Debemos reflexionar sobre los dilemas éticos que plantea el

---

[8] Francisco, Mensaje para la Jornada Mundial de Oración por el Cuidado de la Creación, 2019.

uso omnipresente de la tecnología, apelando al saber integrado para evitar que siga reinando el paradigma tecnocrático.

La dignidad de todo hombre y toda mujer debe ser nuestra preocupación central mientras buscamos construir un futuro en el que nadie quede afuera. No se trata ya solo de asegurar la continuidad de la especie humana en un planeta cada vez más amenazado, sino que debemos procurar que esa vida sea respetada en todo momento. Y así como con el tema ambiental no supimos reaccionar a tiempo, sí podemos hacerlo frente a la que se percibe como una de las transformaciones más profundas de la historia reciente de la humanidad, la penetración de la IA en todos los ámbitos de nuestra vida cotidiana.

Por eso el llamado a ser peregrinos de esperanza. Me gusta la imagen del peregrino, «aquel que se descentra y así puede trascender. Sale de sí mismo, se abre a un nuevo horizonte y, cuando vuelve a casa ya no es el mismo, por lo tanto, su casa ya no será la misma»[9]. Además, el camino del peregrino no es un hecho individual, sino comunitario, con la impronta de un dinamismo en crecimiento que tiende cada vez más hacia la cruz, que siempre nos ofrece la certeza de la presencia y la seguridad de la esperanza. Ponerse en camino «es un gesto típico de quienes buscan el sentido de la vida» (SNC 5).

Acuérdense lo que les comenté al principio: la esperanza es nuestra ancla y nuestra vela. Con ella salgamos a peregrinar hacia la construcción de ese mundo más fraterno con el que soñamos, en el que la dignidad del ser humano prevalezca sobre cualquier división y en armonía con la Madre Tierra.

---

[9] Jorge Bergoglio-Papa Francisco, *Soñemos juntos: El camino a un futuro mejor*, 2021, Plaza & Janés, Barcelona 2021, 39-140.

La peregrinación de la vida no siempre pasa por aguas tranquilas. Muchas veces las experiencias personales y los eventos del mundo exigen con mayor intensidad el llamado a la esperanza. En la jerga marina, se llama de hecho «ancla de la esperanza» a la que algunas embarcaciones tienen de reserva para hacer maniobras de emergencia que les permitan estabilizarse durante las tormentas. Con ella, naveguemos «mar adentro» hacia el futuro desconocido, pero llevando nosotros el timón.

Vuelvo a convocar a todos los hombres y mujeres de buena voluntad a ser «en medio de las ruinas cotidianas del mundo, incansables constructores de esperanza, que seamos luz mientras el sol se oscurece, que seamos testigos de compasión mientras a nuestro alrededor reina la distracción, que seamos amantes y atentos en medio de la indiferencia generalizada»[10].

El reverendo Martin Luther King, fuente de inspiración inagotable, ya afirmó hace sesenta años, durante su discurso de aceptación del Premio Nobel, una gran verdad, todavía vigente hoy: los seres humanos hemos sabido volar como pájaros, nadar como peces, pero no vivir como hermanos.

No hay tiempo que perder. Y tampoco hay alternativas. O construimos el futuro juntos o no habrá futuro.

Recuerdo unas hermosas palabras de don Tonino Bello: «No podemos limitarnos a esperar, tenemos que organizar la esperanza». Debemos redescubrirla, anunciarla y construirla. Esto incluye a todos, también a la Iglesia y sus miembros, ya que «sin esperanza, seríamos administradores,

---

[10] Francisco, Homilía en la Jornada Mundial de los Pobres, 14 de noviembre de 2021.

equilibristas del presente y no profetas y constructores del futuro»[11].

Solo si nuestra esperanza se traduce en opciones y gestos concretos de atención, fraternidad, justicia, solidaridad y cuidado de la casa común, los pobres podrán ver aliviados sus sufrimientos, la economía del descarte podrá ser cambiada y nuevos sueños volverán a florecer.

A todos nos toca organizar la esperanza y traducirla en la vida concreta de cada día, en las relaciones humanas, en nuestro vínculo con el planeta, en el compromiso social y político.

¿Me acompañan en esta peregrinación?

---

[11] FRANCISCO, Discurso en ocasión de la L Semana Social de los católicos en Italia, Trieste, 7 de julio de 2024.

NOTA DEL EDITOR

Quiero agradecer en primer lugar al papa Francisco por la confianza para plasmar en un libro su mirada sobre la importancia del evento jubilar centrado en la esperanza y sus declinaciones en rostros concretos.

El trabajo tuvo el invaluable aporte del equipo de Piemme, con la editora Cecilia Mastrogiovanni a la cabeza.

Ana Clara Pérez Cotten fue la responsable de sumar profundidad de conceptos, claridad y pulcritud al texto, además de ayudar a darle estructura.

Mi agradecimiento más grande, en tanto, va para Paula Paz por su compañía y apoyo de todos los días.